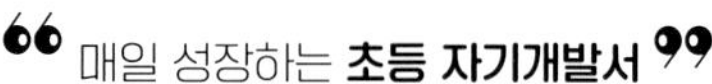

완자

공부력

Q 왜 공부력을 키워야 할까요?

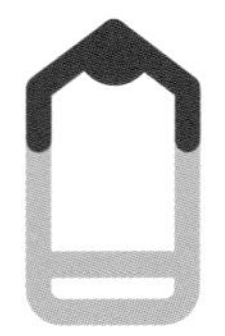

쓰기력

정확한 의사소통의 기본기이며 논리의 바탕

연필을 잡고 종이에 쓰는 것을 괴로워한다!
맞춤법을 몰라 정확한 쓰기를 못한다!
말은 잘하지만 조리 있게 쓰는 것이 어렵다!
그래서 글쓰기의 기본 규칙을 정확히 알고
써야 공부 능력이 향상됩니다.

어휘력

교과 내용 이해와 독해력의 기본 바탕

어휘를 몰라서 수학 문제를 못 푼다!
어휘를 몰라서 사회, 과학 내용 이해가 안 된다!
어휘를 몰라서 수업 내용을 따라가기 어렵다!
그래서 교과 내용 이해의 기본 바탕을
다지기 위해 어휘 학습을 해야 합니다.

독해력

모든 교과 실력 향상의 기본 바탕

글을 읽었지만 무슨 내용인지 모른다!
글을 읽고 이해하는 데 시간이 오래 걸린다!
읽어서 이해하는 공부 방식을 거부하려고 한다!
그래서 통합적 사고력의 바탕인 독해 공부로
교과 실력 향상의 기본기를 닦아야 합니다.

계산력

초등 수학의 핵심이자 기본 바탕

계산 과정의 실수가 잦다!
계산을 하긴 하는데 시간이 오래 걸린다!
계산은 하는데 계산 개념을 정확히 모른다!
그래서 계산 개념을 익히고 속도와 정확성을
높이기 위한 훈련을 통해 계산력을 키워야 합니다.

한자 카드

카드를 활용하여 이 책에서 배운 한자와 어휘를 복습해 보세요.

※ 점선을 따라 뜯어요.

점선을 따라 자르세요

이름 명

지명(地名) | 유명(有名)
별명(別名) | 명언(名言)

visang

겨울 동

동계(冬季) | 동지(冬至)
동면(冬眠)
엄동설한(嚴冬雪寒)

visang

가을 추

입추(立秋) | 추석(秋夕)
추수(秋收)
춘하추동(春夏秋冬)

visang

물건 물

물건(物件) | 선물(膳物)
박물관(博物館)
준비물(準備物)

visang

먹을/밥 식

간식(間食) | 편식(偏食)
곡식(穀食) | 식용유(食用油)

visang

바깥 외

야외(野外) | 외국(外國)
시외(市外) | 외출(外出)

visang

안 내

내복(內服) | 내용(內容)
내과(內科) | 실내화(室內靴)

visang

앞 전

오전(午前) | 전방(前方)
전진(前進)
전후좌우(前後左右)

visang

늙을 로

노인(老人) | 경로(敬老)
노약자(老弱者)
남녀노소(男女老少)

visang

아들 자

손자(孫子) | 자녀(子女)
자음(子音) | 왕자(王子)

visang

점선을 따라 자르세요.

※ 점선을 따라 뜯어요.

점선을 따라 자르세요

빌 공

공책(空冊) | 공기(空氣)
공간(空間) | 공중(空中)

visang

설 립

독립(獨立) | 대립(對立)
입체(立體) | 자립심(自立心)

visang

스스로 자

자연(自然) | 자동(自動)
자신(自身) | 자유(自由)

visang

바다 해

해물(海物) | 해초(海草)
해외(海外) | 해양(海洋)

visang

기운 기

기분(氣分) | 인기(人氣)
감기(感氣) | 일기(日氣)

visang

살 활

활동(活動) | 활약(活躍)
활력(活力) | 재활용(再活用)

visang

온전할 전

전국(全國) | 전체(全體)
전원(全員) | 완전(完全)

visang

편안할 안

안전(安全) | 안부(安否)
불안(不安) | 안정(安定)

visang

길 도

도로(道路) | 인도(人道)
식도(食道)
횡단보도(橫斷步道)

visang

수레 차

마차(馬車) | 자동차(自動車)
승차(乘車) | 차도(車道)

visang

점선을 따라 자르세요.

완자

공부력

초등 전과목
한자 어휘 2A

초등 전과목 한자 어휘

1A-2B 구성

한자 학습

1A	日 날 일	月 달 월	火 불 화	水 물 수	木 나무 목
	金 쇠 금	土 흙 토	天 하늘 천	地 땅 지	人 사람 인
	父 아버지 부	母 어머니 모	入 들어갈 입	門 문 문	家 집 가
	上 위 상	中 가운데 중	下 아래 하	大 큰 대	小 작을 소
1B	手 손 수	口 입 구	面 얼굴/겉 면	心 마음 심	力 힘 력
	學 배울 학	生 날 생	教 가르칠 교	室 집 실	先 먼저 선
	青 푸를 청	白 흰 백	山 산 산	草 풀 초	花 꽃 화
	東 동쪽 동	北 북쪽 북	正 바를 정	平 평평할 평	方 모/방향 방
2A	秋 가을 추	冬 겨울 동	名 이름 명	食 먹을/밥 식	物 물건 물
	前 앞 전	內 안 내	外 바깥 외	子 아들 자	老 늙을 로
	自 스스로 자	立 설 립	空 빌 공	氣 기운 기	海 바다 해
	安 편안할 안	全 온전할 전	活 살 활	車 수레 차	道 길 도
2B	時 때 시	間 사이 간	年 해 년	世 세상 세	來 올 래
	文 글월 문	問 물을 문	主 주인 주	語 말씀 어	話 말씀 화
	百 일백 백	萬 일만 만	數 셈 수	直 곧을 직	重 무거울 중
	韓 나라 한	愛 사랑 애	民 백성 민	市 시장 시	長 긴 장

중요 한자를 학습하고, 한자에서 파생된
전과목 교과서 어휘의 실력을 키워요!

교과서 어휘 학습

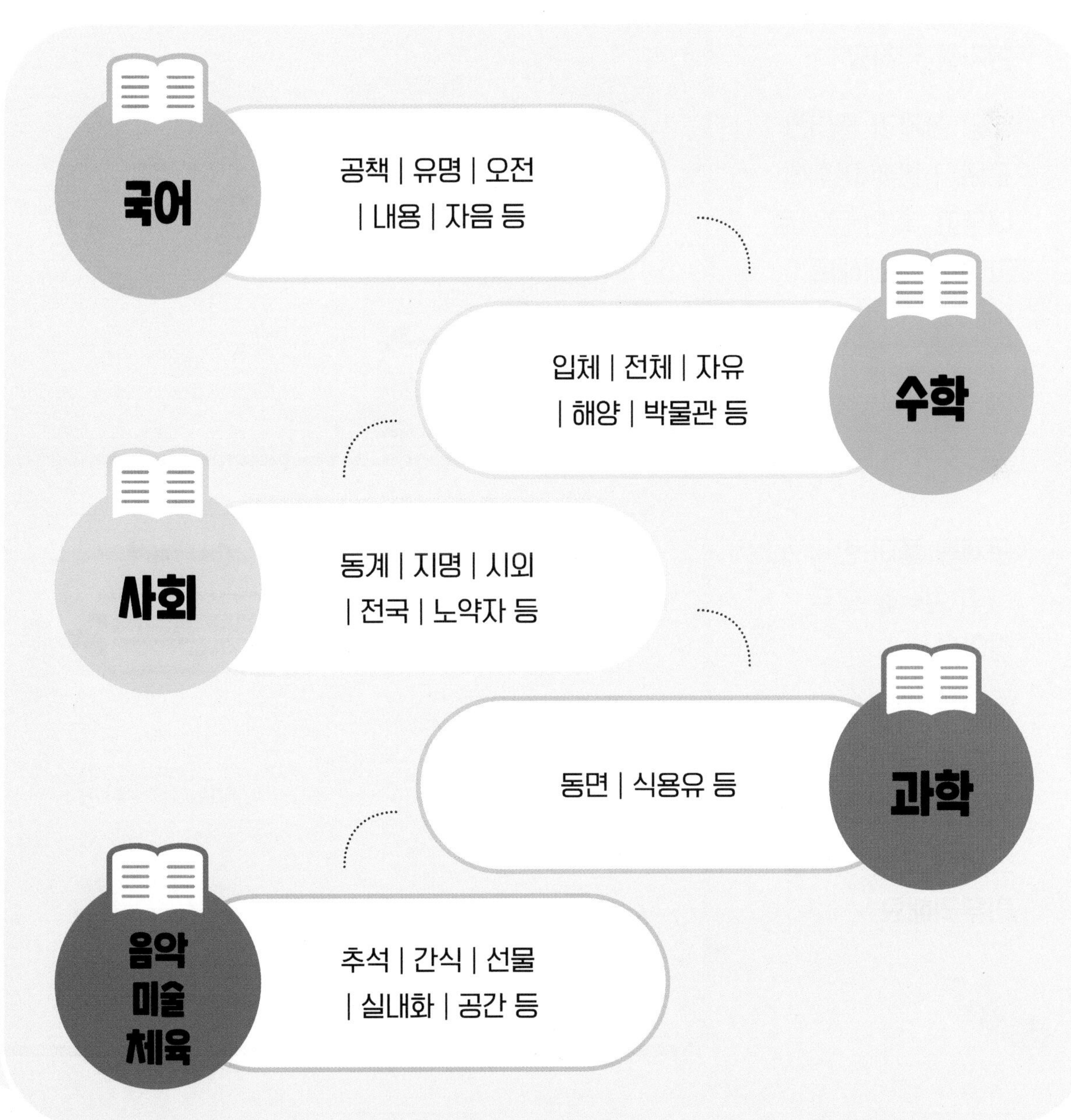

특징과 활용법

하루 4쪽 공부하기

- 그림과 간단한 설명으로 오늘 배울 한자를 익혀요.
- 해당 한자가 들어간 교과서 필수 어휘를 배우고, 확인 문제로 그 뜻을 이해해요.

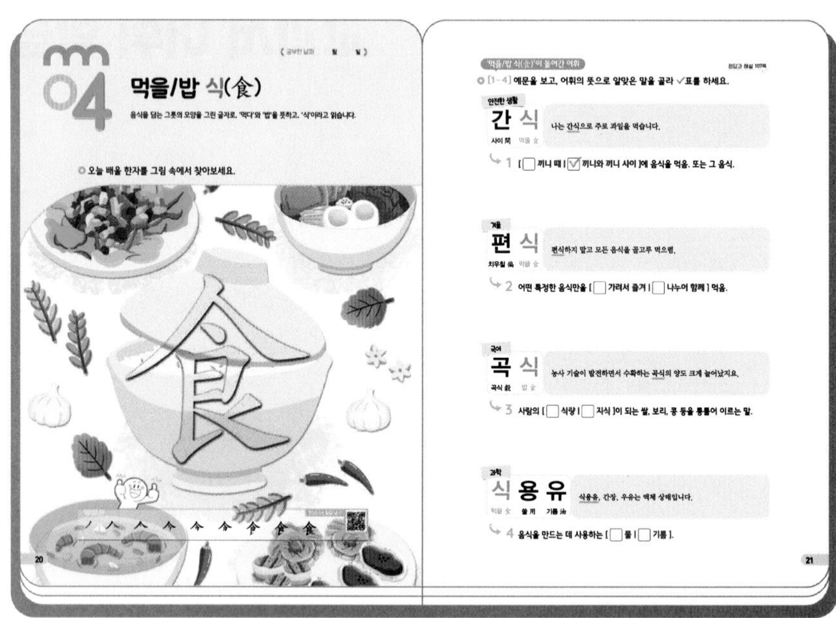

- 문제를 풀며 한자와 어휘 실력을 모두 잡아요.
- 배운 어휘를 직접 사용해 보며 표현력을 기르고, 한자를 쓰면서 오늘 학습을 마무리해요.

문제로 어휘力 높여요

1 빈칸에 알맞은 어휘를 쓰세요.

2 밑줄 친 '식' 자가 '먹다/밥'의 뜻으로 쓰이지 않은 어휘에 ✓표를 하세요.

먹다/밥 | 음식 | 입학식 | 식용유

3 빈칸에 '편식(偏食)'을 쓸 수 있는 문장의 기호를 쓰세요.

4 '먹을 식(食)' 자를 넣어, 빈칸에 공통으로 들어갈 어휘를 쓰세요.

글 쓰며 표현力 높여요

'먹을/밥 식(食)'이 들어가는 어휘를 넣어서 글을 써 보세요.

따라 쓰며 한자力 완성해요

食 食

먹을 식 먹을 식

- 책으로 하루 4쪽 공부하며, 초등 어휘력을 키워요!
- 모바일앱으로 공부한 내용을 복습하고 몬스터를 잡아요!

공부한 내용 확인하기

✳ 5일 동안 배운 한자가 포함된 글을 읽고, 문제를 풀면서 독해력을 키워요.

✳ 중요 한자성어를 실생활에서 사용할 수 있도록 배워요.

✳ 다양한 어휘 놀이로 5일 동안 배운 어휘를 재미있게 정리해요.

모바일앱으로 복습하기

앱 다운받기

책 인증하기

✳ 그날 배운 내용을 바로바로, 또는 주말에 모아서 복습하고, 다이아몬드 획득까지! 공부가 저절로 즐거워져요!

차례

한 친구가
작은 습관을 만들었어요.

매일매일의 시간이 흘러
작은 습관은 큰 습관이 되었어요.

큰 습관이 지금은 그 친구를 이끌고
있어요. 매일매일의 좋은 습관은
우리를 좋은 곳으로 이끌어 줄 거예요.

우리도
하루 4쪽 공부 습관!
스스로 공부하는 힘을
키워 볼까요?

01

《 공부한 날짜 월 일 》

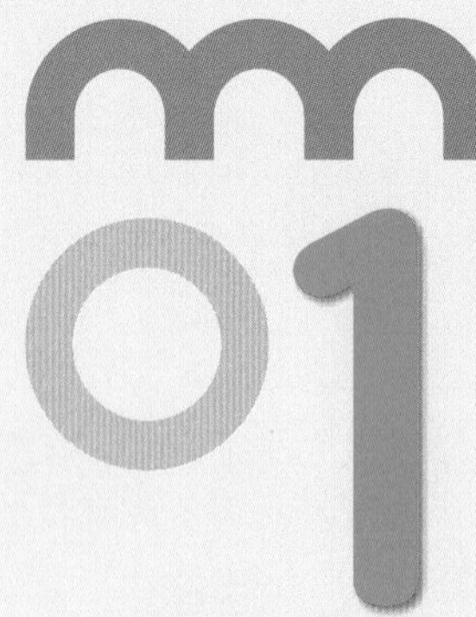

가을 추(秋)

‘禾(벼 화)’와 ‘火(불 화)’를 합한 글자로, 햇볕을 받아 익은 곡식을 거두는 때인 ‘가을’을 뜻하고 ‘추’라고 읽습니다.

◎ 오늘 배울 한자를 색칠해 보세요.

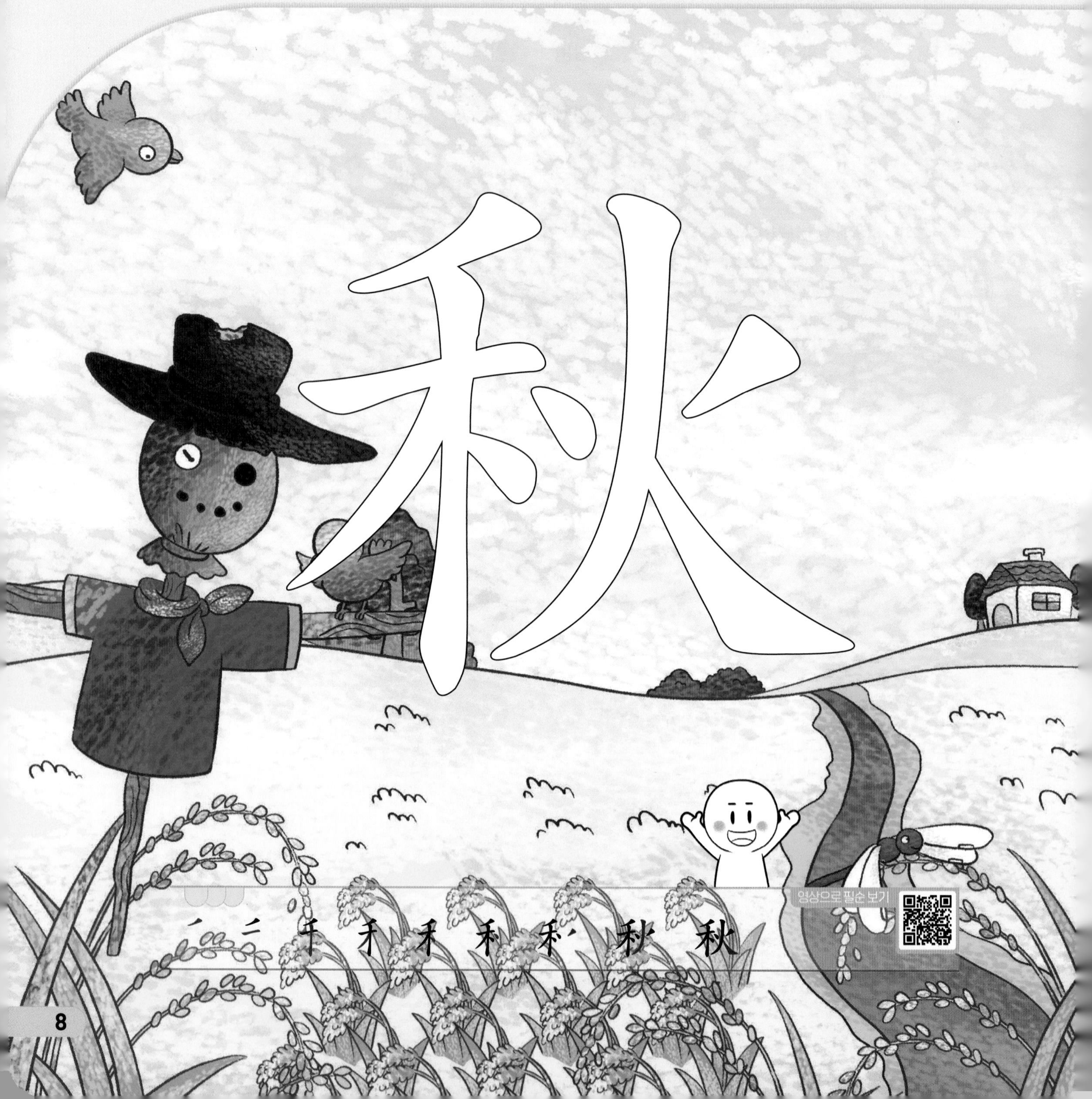
秋
㇒ 二 千 禾 禾 禾' 禾' 秋 秋
영상으로 필순 보기

'가을 추(秋)'가 들어간 어휘

정답과 해설 104쪽

[1~4] 예문을 보고, 어휘의 뜻으로 알맞은 말을 골라 ✓표를 하세요.

국어

입추
설 立 / 가을 秋

해마다 6월부터 입추까지 신하들에게 얼음을 나누어 준 기록이 있다.

1 24절기의 하나. 가을이 [✓ 시작됨 | □ 마무리됨]을 알리는 절기.

가을

추석
가을 秋 / 저녁 夕

현규네 가족은 모두 추석을 준비하느라 바쁩니다.

2 우리나라 명절의 하나. 음력 [□ 5월 | □ 8월] 보름날로,
햅쌀로 [□ 떡 | □ 빵]을 만들고 햇과일로 음식을 장만하여 차례를 지냄.

가을

추수
가을 秋 / 거둘 收

아버지는 추수를 앞둔 황금빛 들판을 흐뭇한 표정으로 바라보셨다.

3 가을에 익은 곡식을 [□ 내다 팖 | □ 거두어들임].

춘하추동
봄 春 / 여름 夏 / 가을 秋 / 겨울 冬

소나무는 춘하추동에 상관없이 늘 잎이 푸르다.

4 [□ 봄·여름·가을·겨울 | □ 동·서·남·북], 네 [□ 계절 | □ 방향]을
이르는 말.

문제로 어휘 力 높여요

1 **밑줄 친 어휘와 뜻이 비슷한 어휘에 ○표를 하세요.**

농부가 누렇게 익은 곡식을 추수하다.

만들다 | 기다리다 | 내다 팔다 | 거두어들이다

2 **'가을 추(秋)' 자를 넣어, 빈칸에 공통으로 들어갈 어휘를 쓰세요.**

- ㅇㅊ 가 지나자 여름 더위가 한풀 꺾였습니다.
- 햇볕은 뜨겁고 ㅇㅊ 를 넘겨도 가을은 멀기만 합니다.
- ㅇㅊ 는 가을의 문턱에 들어섰음을 알리는 절기입니다.

[ ]

3 **빈칸에 공통으로 들어갈 글자를 고르세요.**

춘	하		동
		석	

춘하( )동: 봄 · 여름 · 가을 · 겨울, 네 계절을 이르는 말.

( )석: 우리나라 명절의 하나. 음력 8월 보름날.

① 춘(春) ② 추(秋) ③ 입(入) ④ 화(火) ⑤ 수(水)

4 **보기의 두 뜻을 모두 지닌 어휘에 ✓표를 하세요.**

보기
① 봄과 가을을 아울러 이르는 말.
② 어른의 나이를 높여 이르는 말.

☐ 춘추(春秋)

☐ 추풍(秋風)

글 쓰며 표현力 높여요

정답과 해설 104쪽

‘가을 추(秋)’가 들어가는 어휘를 넣어서 글을 써 보세요.

하늘은 높고 나뭇잎이 아름답게 물들어 가는 계절인 ‘가을’. 여러분의 가을에는 어떤 일이 있었나요? 또는 다가올 이번 가을에 하고 싶은 일을 이야기해 보세요.

도움말 입추, 추석, 추수, 춘추 등에 ‘가을 추(秋)’가 들어가요.

예 저는 입추가 한참 지났는데도 땡볕 더위가 이어져서 사촌들과 계곡으로 놀러 갔었어요. 사촌들과 헤어지는 것이 아쉬워서 돌아오는 추석에 꼭 만나자고 약속했던 기억이 나요.

따라 쓰며 한자力 완성해요

오늘의 학습을 평가해 보아요. 부족함 보통임 잘함

겨울 동(冬)

노끈 양쪽 끝을 매듭지은 모양을 본뜬 글자[夂]에 '冫(氷, 얼음 빙)'을 붙여 만든 글자입니다. 춥고 얼음이 어는 계절인 '겨울'을 뜻하고 '동'이라고 읽습니다.

◎ 오늘 배울 한자를 색칠해 보세요.

冬

ノ ク 夂 冬 冬

영상으로 필순 보기

'겨울 동(冬)'이 들어간 어휘

정답과 해설 105쪽

[1~4] 예문을 보고, 어휘의 뜻으로 알맞은 말을 골라 ✓표를 하세요.

도덕

동계
겨울 冬 | 계절 季

2018 평창 동계 올림픽에 남북한 선수들이 함께 입장하여 전 세계 사람들에게 감동을 주었습니다.

1 [☐ 봄 | ☐ 여름 | ☐ 가을 | ☑ 겨울]의 시기.

사회

동지
겨울 冬 | 이를 至

조상들은 동지를 '한 해를 마무리하고 새해를 준비하는 날'로 여겼습니다.

2 24절기의 하나. 일 년 중 [☐ 낮 | ☐ 밤]이 가장 긴 날.

과학

동면
겨울 冬 | 잠잘 眠

어떤 동물은 먹이가 적은 겨울 동안 동면을 합니다.

3 동물이 활동을 멈추고 땅속 같은 곳에서 [☐ 여름 | ☐ 겨울]을 보내는 일.

국어

엄동설한
엄할 嚴 | 겨울 冬 | 눈 雪 | 찰 寒

엄동설한에도 예쁜 꽃이 피었습니다.

4 눈 내리는 깊은 겨울의 심한 [☐ 추위 | ☐ 더위].

문제로 어휘 力 높여요

1 **빈칸에 '동(冬)' 자가 들어간 어휘를 쓰세요.**

우리는 이번 겨울에 열리는, [ㄷ ㄱ] 올림픽에서 금메달을 목표로 하고 있다.

[ ]

2 **밑줄 친 어휘와 뜻이 비슷한 어휘에 ✓표를 하세요.**

정원의 매화나무는 <u>엄동설한</u>에도 꽃망울을 맺었다.

☐ 매서운 추위　　☐ 심한 가뭄　　☐ 뜨거운 바람

3 **빈칸에 알맞은 어휘를 보기에서 골라 쓰세요.**

보기

동면　　동복

1 곰은 가을이 되면 겨우살이를 위해 [ ]에 들어갈 준비를 한다.

2 날씨가 쌀쌀해지자 엄마는 옷장 깊숙이 있는 도톰한 [ ]을 꺼내 놓으셨다.

4 **빈칸에 알맞은 어휘에 ○표를 하세요.**

우리 조상들은 [ ]에 팥죽을 먹으면 팥이 나쁜 기운을 내쫓는다고 믿어서, 이날 팥죽을 먹는 풍습이 생겼습니다.

월동　　입동　　동지　　동해

글 쓰며 표현力 높여요

정답과 해설 105쪽

‘겨울 동(冬)’이 들어가는 어휘를 넣어서 글을 써 보세요.

“손이 시려워. 꽁! 발이 시려워. 꽁! 겨울바람 때문에 꽁꽁꽁!” ‘겨울’ 하면 이렇게 매서운 추위가 생각나기도 하고, 입김을 호 호 불며 맛있게 먹던 군밤과 군고구마가 생각나기도 하지요. 여러분은 ‘겨울’ 하면 어떤 장면이 떠오르나요?

도움말 동면, 엄동설한, 월동, 동복 등에 ‘겨울 동(冬)’이 들어가요.

예 나는 ‘겨울’ 하면 동물들의 동면이 떠올라. 엄동설한을 견디는 방법으로 활동을 줄이고 깊은 잠을 잔다니 정말 신비한 것 같아. 가끔은 동면을 하는 동물들이 부럽기도 해.

따라 쓰며 한자力 완성해요

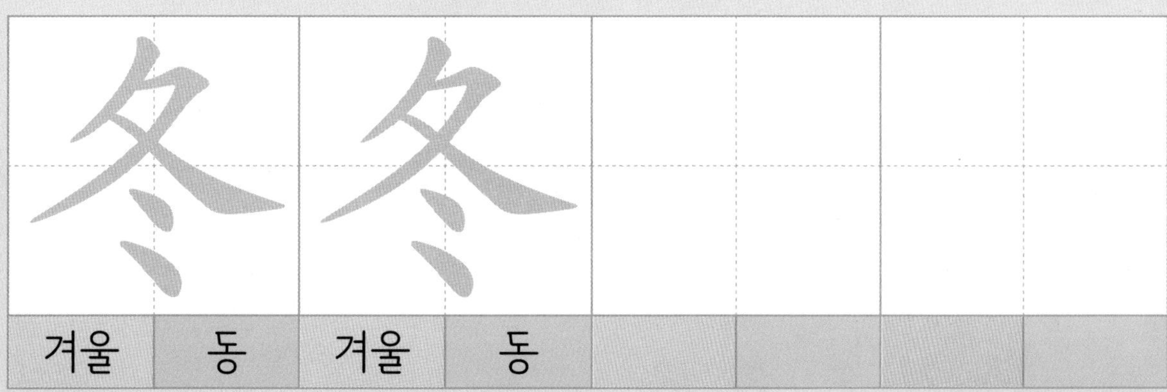

冬	冬		
겨울 동	겨울 동		

오늘의 학습을 평가해 보아요. 부족함 보통임 잘함

이름 명(名)

저녁[夕]에 멀리 있는 사람이 누구인지 알려면 입[口]을 벌려 이름을 불러야 한다는 의미로 만들어진 글자입니다. '이름'을 뜻하고 '명'이라고 읽습니다.

◎ 번호 순서대로 점을 이어 오늘 배울 한자를 확인해 보세요.

1 2

4 3

영상으로 필순 보기

ノ ク タ タ 名 名

'이름 명(名)'이 들어간 어휘

정답과 해설 106쪽

[1~4] 두 개의 뜻 중에서 어휘의 알맞은 뜻을 찾아 ✓표를 하세요.

사회

지명 땅 地 이름 名

1 ☐ 오래된 옛 이름.
☑ 마을이나 지방, 지역 등의 이름.

지명은 땅 모양이나 옛날 그곳에서 일어난 일과 관련이 깊습니다.

국어

유명 있을 有 이름 名

2 ☐ 이름이 널리 알려져 있음.
☐ 이름이 없거나 이름을 알 수 없음.

노벨 문학상을 받은 **유명**한 작가 '펄 벅'은 한글은 익히기 쉬운 훌륭한 문자라며 칭찬을 아끼지 않았다.

국어

별명 다를 別 이름 名

3 ☐ 다른 사람을 높여 부르는 이름.
☐ 외모나 성격 등과 관련하여 지어 부르는 이름.

친구들끼리 서로 **별명**을 부르지 않았으면 합니다.

도덕

명언 이름 名 말씀 言

4 ☐ 아무 근거 없이 널리 퍼진 말.
☐ 내용이 훌륭하고 표현이 뛰어나 널리 알려진 말.

스스로를 성찰할 수 있는 나만의 **명언**을 만들어 봅시다.

문제로 어휘力 높여요

1 다음 설명에 알맞은 어휘를 고르세요.

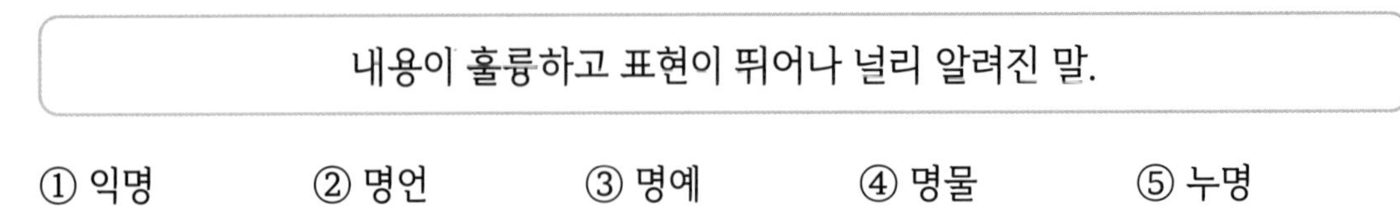
내용이 훌륭하고 표현이 뛰어나 널리 알려진 말.

① 익명 ② 명언 ③ 명예 ④ 명물 ⑤ 누명

2 빈칸에 공통으로 들어갈 글자에 ○표를 하세요.

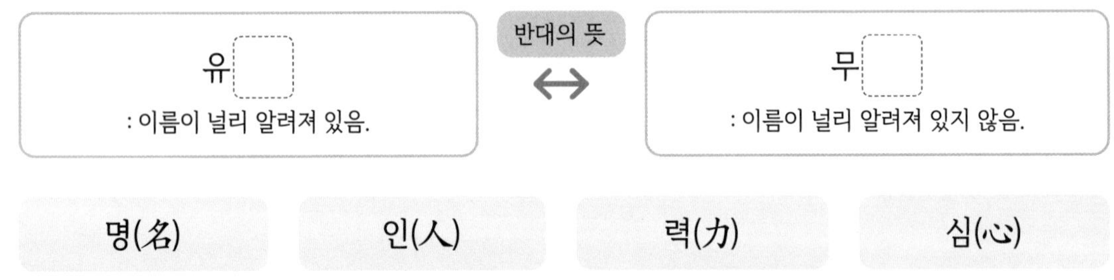
유☐ : 이름이 널리 알려져 있음.

반대의 뜻 ↔

무☐ : 이름이 널리 알려져 있지 않음.

명(名) 인(人) 력(力) 심(心)

3 빈칸에 '이름 명(名)' 자가 들어가는 어휘를 쓰세요.

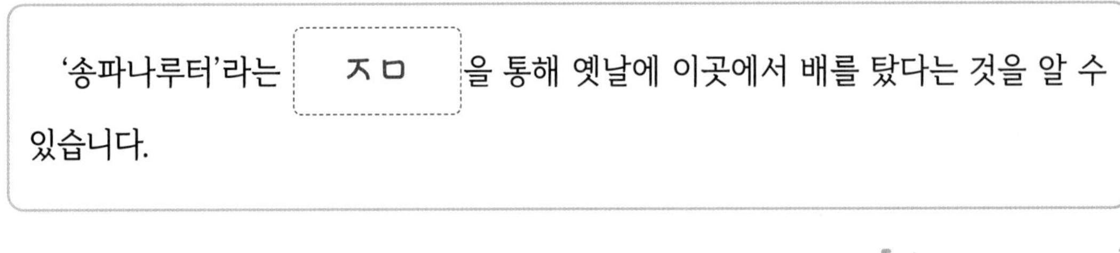
'송파나루터'라는 ㅈㅁ 을 통해 옛날에 이곳에서 배를 탔다는 것을 알 수 있습니다.

[✎]

4 빈칸에 알맞은 어휘를 보기에서 골라 쓰세요.

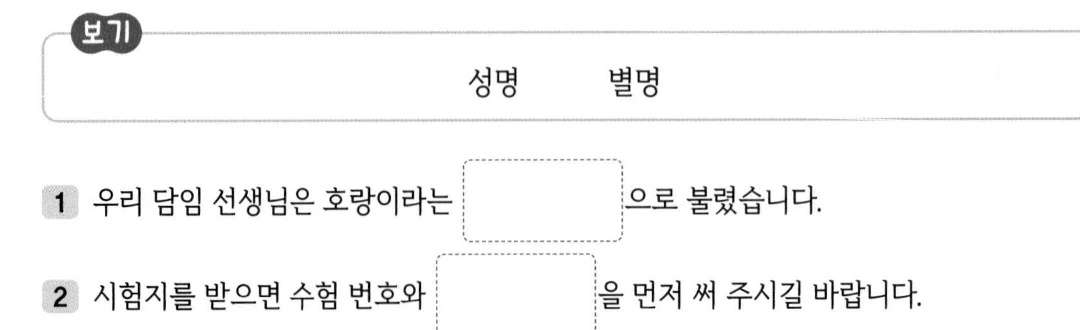
보기

성명 별명

1 우리 담임 선생님은 호랑이라는 ☐ 으로 불렸습니다.

2 시험지를 받으면 수험 번호와 ☐ 을 먼저 써 주시길 바랍니다.

글 쓰며 표현力 높여요

정답과 해설 106쪽

‘이름 명(名)’이 들어가는 어휘를 넣어서 글을 써 보세요.

지금은 ‘내가 사는 곳’에 대해 발표하는 시간! 내가 사는 곳을 어떻게 소개할까요? 주변에 유명한 건물이나 자연물 등이 있는지 떠올려 보고, 발표할 내용을 정리해 보세요.

도움말 지명, 유명, 별명, 명물, 명소 등에 ‘이름 명(名)’이 들어가요.

예 우리 지역의 명물은 500여 년 된 소나무입니다. 우리 집에 들어가는 길목에 수호신처럼 자리를 잡고 있어서 우리 가족은 이 소나무를 ‘대장’이라는 별명으로 부릅니다.

따라 쓰며 한자力 완성해요

名		名					
이름	명	이름	명				

오늘의 학습을 평가해 보아요. 부족함 보통임 잘함

먹을/밥 식(食)

음식을 담는 그릇의 모양을 그린 글자로, '먹다'와 '밥'을 뜻하고, '식'이라고 읽습니다.

◎ 오늘 배울 한자를 그림 속에서 찾아보세요.

영상으로 필순 보기

ノ 人 亼 今 今 今 食 食 食

'먹을/밥 식(食)'이 들어간 어휘

정답과 해설 107쪽

[1~4] 예문을 보고, 어휘의 뜻으로 알맞은 말을 골라 ✓표를 하세요.

안전한 생활

간 식
사이 間 먹을 食

나는 간식으로 주로 과일을 먹습니다.

1 [☐ 끼니 때 | ☑ 끼니와 끼니 사이]에 음식을 먹음. 또는 그 음식.

겨울

편 식
치우칠 偏 먹을 食

편식하지 말고 모든 음식을 골고루 먹으렴.

2 어떤 특정한 음식만을 [☐ 가려서 즐겨 | ☐ 나누어 함께] 먹음.

국어

곡 식
곡식 穀 밥 食

농사 기술이 발전하면서 수확하는 곡식의 양도 크게 늘어났지요.

3 사람의 [☐ 식량 | ☐ 지식]이 되는 쌀, 보리, 콩 등을 통틀어 이르는 말.

과학

식 용 유
먹을 食 쓸 用 기름 油

식용유, 간장, 우유는 액체 상태입니다.

4 음식을 만드는 데 사용하는 [☐ 물 | ☐ 기름].

문제로 어휘力 높여요

1 빈칸에 알맞은 어휘를 쓰세요.

저녁 식사를 하기 전에 우리는 [ㄱㅅ]으로 삶은 고구마를 먹었습니다.

↳ 끼니와 끼니 사이에 음식을 먹음. 또는 그 음식.

[✎]

2 밑줄 친 '식' 자가 '먹다/밥'의 뜻으로 쓰이지 않은 어휘에 ✓표를 하세요.

먹다/밥	☐ 음식	☐ 입학식	☐ 식용유

3 빈칸에 '편식(偏食)'을 쓸 수 없는 문장의 기호를 쓰세요.

㉠ 싱싱한 재료를 써야 [ ]이 맛이 있습니다.

㉡ [ ]이나 과식은 건강에 좋지 않습니다.

㉢ 민호는 [ ]이 심해서 밥을 먹을 때 콩을 가려냅니다.

[✎]

4 '먹을 식(食)' 자를 넣어, 빈칸에 공통으로 들어갈 어휘를 쓰세요.

- 들판에 [ㄱㅅ]이 노랗게 익어 가고 있습니다.
- 형제는 열심히 [ㄱㅅ]을 거두어 똑같이 나누어 가졌습니다.

[✎]

글 쓰며 표현力 높여요

정답과 해설 107쪽

‘먹을/밥 식(食)’이 들어가는 어휘를 넣어서 글을 써 보세요.

오늘의 식사 준비 담당은 나! 요리가 서툴러도 괜찮아요. 마음을 담아 정성껏 차리면 누군가를 행복하게 해 주는 맛있는 음식이 될 거예요. 어떤 요리를 해서, 누구를 행복하게 해 주고 싶은지 이야기해 보세요.

도움말 간식, 식용유, 음식, 식구, 식사, 분식점 등에 ‘먹을/밥 식(食)’이 들어가요.

예 우리 식구는 모두 김치를 좋아해서 별다른 반찬이 없어도 김치 하나면 밥 한 그릇을 뚝딱 먹어요. 고구마와 같은 간식을 먹을 때에도 김치는 늘 함께하죠. 우리 집 식탁에 꼭 있어야 하는 김치를 직접 만들어서 가족을 행복하게 해 주고 싶어요.

따라 쓰며 한자力 완성해요

오늘의 학습을 평가해 보아요. 부족함 보통임 잘함

《 공부한 날짜 월 일 》

물건 물(物)

'牛(소 우)'와 '勿(말 물)'을 합한 글자로, 제물로서의 '소'를 뜻하다가 그 뜻이 확대되어 모든 '물건'을 뜻하게 되었습니다. '물'이라고 읽습니다.

오늘 배울 한자를 순서대로 그려 보세요.

영상으로 필순 보기

丿 𠂉 牛 牛 牜 牞 物 物

'물건 물(物)'이 들어간 어휘

정답과 해설 108쪽

[1~4] 두 개의 뜻 중에서 어휘의 알맞은 뜻을 찾아 ✔표를 하세요.

안전한 생활

물건

물건 物 물건 件

1 ☑ 일정한 형태를 갖춘 모든 것.
☐ 일정한 형태가 없는 모든 것.

집에서 안전하게 생활하려면 물건을 제자리에 정리해요.

여름

선물

선물 膳 물건 物

2 ☐ 일이 끝나기 전에 미리 돈을 치름.
☐ 인사나 정을 나타내는 뜻으로 물건을 줌. 또는 그 물건.

나는 부모님께 선물을 만들어 드릴 거야.

수학

박물관

넓을 博 물건 物 집 館

3 ☐ 물건의 가치를 매겨 판매하는 시설.
☐ 다양한 물건을 보관하고 전시하는 시설.

준기네 반에서 가장 많은 학생이 가 보고 싶어 하는 체험 학습 장소는 박물관입니다.

국어

준비물

준할 準 갖출 備 물건 物

4 ☐ 미리 마련하여 갖추어 놓는 물건.
☐ 부족한 부분을 보태어 채워 놓는 물건.

영수는 준비물을 사러 문방구에 갑니다.

문제로 어휘力 높여요

1 **밑줄 친 글자에 해당하는 한자(漢子)를 고르세요.**

돌잡이는 아기가 여러 가지 물건 가운데에서 한두 개를 잡는 것입니다.

① 名　② 秋　③ 室　④ 物　⑤ 食

2 **질문에 알맞은 대답에 ✓표를 하세요.**

내일 시간표에 미술 시간이 들어 있네. 준비물(準備物)이 뭐였지?

- [ ] 스케치북과 물감이야.
- [ ] 두 시간 동안 그림을 그릴 거야.
- [ ] 나는 미술 시간이 제일 재미있어.

3 **빈칸에 가장 알맞은 어휘를 보기에서 골라 쓰세요.**

보기

선물　보물

1 나는 아버지께 어린이날 ＿＿＿로 운동화를 받았다.

2 신라의 한 유적지에서 금은보화 같은 귀한 ＿＿＿이 나왔다고 한다.

4 **빈칸에 가장 알맞은 어휘에 ○표를 하세요.**

공룡 ＿＿＿에 초대합니다!

공룡에 관한 모든 것을 최신 기술로 좀 더 생생하고 재미있게 관람할 수 있게 준비했습니다. 다양한 전시관과 체험관에서 공룡 친구들을 실감 나게 만나 보세요.

체육관　박물관　수족관

글 쓰며 표현力 높여요

정답과 해설 108쪽

◎ '물건 물(物)'이 들어가는 어휘를 넣어서 글을 써 보세요.

우리 반에 자신의 물건을 내놓아 판매하는 '바자회'가 열렸어요. 그런데 친구들이 내가 가져온 물건을 구경만 하고 사지 않네요. 자신이 가져온 물건을 홍보해서 친구들의 관심을 끌어 보세요!

도움말 선물, 박물관, 준비물, 물건, 물품, 보물, 물물교환 등에 '물건 물(物)'이 들어가요.

예 내가 팔 물건은 동화책인데, 보물을 찾아 떠나는 주인공의 모험 이야기야. 책을 펼치면 나처럼 이야기에 푹 빠져 시간 가는 줄 모르게 될 거야. 만일 내가 읽지 않은 다른 책을 가지고 있다면, 물물교환도 가능해.

따라 쓰며 한자力 완성해요

오늘의 학습을 평가해 보아요. 부족함 보통임 잘함

01~05 독해로 마무리해요

정답과 해설 109쪽

1~2 다음 글을 읽고, 물음에 답하세요.

우리 조상들은 농사의 때를 잘 지키기 위해 (㉠)를 사용했는데, 이는 해의 움직임에 맞춰 한 해를 24개로 나눈 것입니다. 우리나라의 사계절도 24절기에 속하는 '입춘, 입하, 입추(立秋), 입동'에 따라 구분됩니다. 그중 첫 절기인 '입춘'은 봄을 알리는 때로, 입춘이 지나면 농부들은 씨앗을 뿌리고, 동면(冬眠)에 들었던 동물들은 하나둘씩 깨어나 봄을 맞이합니다. 여름 기운이 시작되는 '입하'가 되면 농사가 한창으로 접어들어 농부들이 정신없이 바빠집니다. 곡식(穀食)이 무럭무럭 자라면 추수(秋收)의 계절인 가을이 오는데요. 이때가 바로 '입추'입니다. '입동'은 한 해 농사가 거의 끝나는 시기로, 겨울을 준비(準備)하는 때입니다. 김장하고, 장아찌를 담그는 등 식구들과 먹을 음식을 마련하고, 동복(冬服)도 마련합니다. 우리가 좋아하는 고구마는 먹을 것이 부족한 겨울철에 귀한 간식(間食)이었습니다.

1

㉠에 들어갈 이 글의 중심 소재를 고르세요.

① 계절 ② 절기 ③ 농사 ④ 대길 ⑤ 김장

2

친구들의 설명에 해당하는 절기를 이 글에서 찾아 쓰세요.

동진: 겨울나기를 위해 김치와 장아찌를 미리 만들어 놓을 때야.
진아: 우리 엄마는 이 절기가 되면 도톰한 겨울옷을 꺼내 놓으셔.

[✎]

일 장 춘 몽

하나 一 마당 場 봄 春 꿈 夢

'한바탕의 봄꿈.'이라는 뜻으로, 옛날 중국의 소동파가 귀향하여 산책하고 있었는데, 지나가던 한 사람이 그에게 벼슬자리에 있던 지난날이 한바탕의 봄꿈이었냐고 물은 데에서 유래되었습니다. 보통 덧없는 일을 비유적으로 이를 때 많이 쓰는 표현입니다.

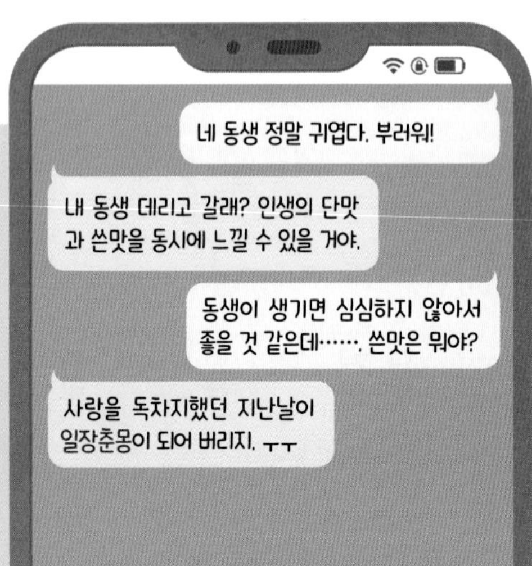

놀이로 정리해요

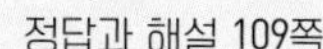

정답과 해설 109쪽

● 아래의 뜻풀이에 해당하는 어휘를 찾아 표시해 보세요.

입	춘	하	추	동	면	선	박
동	추	지	석	계	기	건	물
서	해	안	식	절	백	암	관
남	변	엄	동	설	한	풍	습
야	행	추	수	탕	유	무	상
속	편	이	사	지	명	별	리
간	식	용	유	도	언	쟁	실

① 이름이 널리 알려져 있음.

② 마을이나 지방, 지역 등의 이름.

③ 가을에 익은 곡식을 거두어들임.

④ 눈 내리는 깊은 겨울의 심한 추위.

⑤ 어떤 특정한 음식만을 가려서 즐겨 먹음.

⑥ 다양한 물건을 보관하고 전시하는 시설.

⑦ 24절기의 하나. 가을이 시작됨을 알리는 절기.

앞 전(前)

배[舟] 위에 발[止]을 그려서 배가 앞으로 나아간다는 뜻을 나타낸 글자로, 나중에 '刂(刀, 칼 도)'가 더해졌습니다. '앞'을 뜻하고 '전'이라고 읽습니다.

◎ 번호 순서대로 점을 이어 오늘 배울 한자를 확인해 보세요.

4 5
3 6
2 7
1 8

영상으로 필순 보기

丶 丷 䒑 产 肀 肖 肖 前 前

'앞 전(前)'이 들어간 어휘

정답과 해설 110쪽

[1~4] 두 개의 뜻 중에서 어휘의 알맞은 뜻을 찾아 ✓표를 하세요.

국어

오전

낮 午 / 앞 前

1 □ 낮 열두 시부터 밤 열두 시까지의 시간.
☑ 밤 열두 시부터 낮 열두 시까지의 시간.

오전 9시에 박물관에 도착해서 11시부터 화석 만들기 체험을 했어요.

전방

앞 前 / 모/방향 方

2 □ 뒤쪽.
□ 앞쪽.

'모 방(方)' 자는 '모' 또는 '방향'을 뜻해요. '모'는 구석이나 모퉁이, 네모진 부분을 뜻하는 말입니다.

임금이 타는 수레의 전방과 후방에는 악기를 연주하는 사람들이 줄을 지어 섰다.

전진

앞 前 / 나아갈 進

3 □ 앞으로 나아감.
□ 큰 지진에 앞서 일어나는 작은 지진.

국가대표 선수단이 힘차게 전진할 수 있도록 다 같이 응원합시다.

체육

전후좌우

앞 前 / 뒤 後 / 왼쪽 左 / 오른쪽 右

4 □ 앞, 뒤, 왼쪽, 오른쪽.
□ 어떤 사물이나 사람을 둘러싸고 있는 것.

몸을 전후좌우로 빠르게 흔들며 춤을 춥니다.

문제로 어휘 力 높여요

1 보기의 밑줄 친 말과 바꾸어 쓸 수 있는 어휘를 고르세요.

보기

유람선은 사람들을 싣고 저쪽 언덕을 향해 나아갔다.

① 정차(停車)했다　② 주차(駐車)했다　③ 전진(前進)했다
④ 출전(出戰)했다　⑤ 전개(展開)했다

2 어휘의 뜻이 서로 반대되도록 빈칸에 알맞은 한자(漢字)를 고르세요.

前方(전방)
: 향하고 있는 방향과 일치하는 쪽.

↔

[ ]方
: 향하고 있는 방향과 반대되는 쪽.

① 方(모 방)　② 後(뒤 후)　③ 地(땅 지)　④ 一(하나 일)　⑤ 先(먼저 선)

3 아빠가 말한, 펜션에 도착하는 시간으로 알맞은 것을 고르세요.

아빠: [ ]에는 펜션에 도착하게 될 거야. 짐을 풀고, 2시간 뒤 오후 1시에 점심을 먹자.

① 오전 9시　② 오전 10시　③ 오전 11시
④ 오후 1시　⑤ 오후 2시

4 빈칸에 공통으로 들어갈 어휘를 쓰세요.

• 횡단보도를 건널 때에는 [ㅈㅎㅈㅇ]를 잘 살펴야 해요.
• 나는 순간 어느 쪽으로 가야 할지 헷갈려서 [ㅈㅎㅈㅇ]를 둘러보았습니다.

[✎]

글 쓰며 표현力 높여요

정답과 해설 110쪽

‘앞 전(前)’이 들어가는 어휘를 넣어서 글을 써 보세요.

내일은 친구가 우리 집에 놀러 오기로 한 날이에요. 학교에서 우리 집까지 오는 길을 친구에게 잘 설명해 주세요.

도움말 오전, 전방, 전진, 전후좌우 등에 ‘앞 전(前)’이 들어가요.

예 교문을 나와서 쭉 전진하면 도서관이 보일 거야. 도서관에서 전방 20미터에 있는 집이 우리 집이야. 전후좌우 잘 살펴서 와.

따라 쓰며 한자力 완성해요

오늘의 학습을 평가해 보아요. 부족함 보통임 잘함

안 내(內)

'冂(멀 경)' 자 안에 '入(들 입)' 자를 넣어, 집에 들어가는 모양을 나타낸 글자입니다.
'안'을 뜻하고 '내'라고 읽습니다.

오늘 배울 한자를 그림 속에서 찾아보세요.

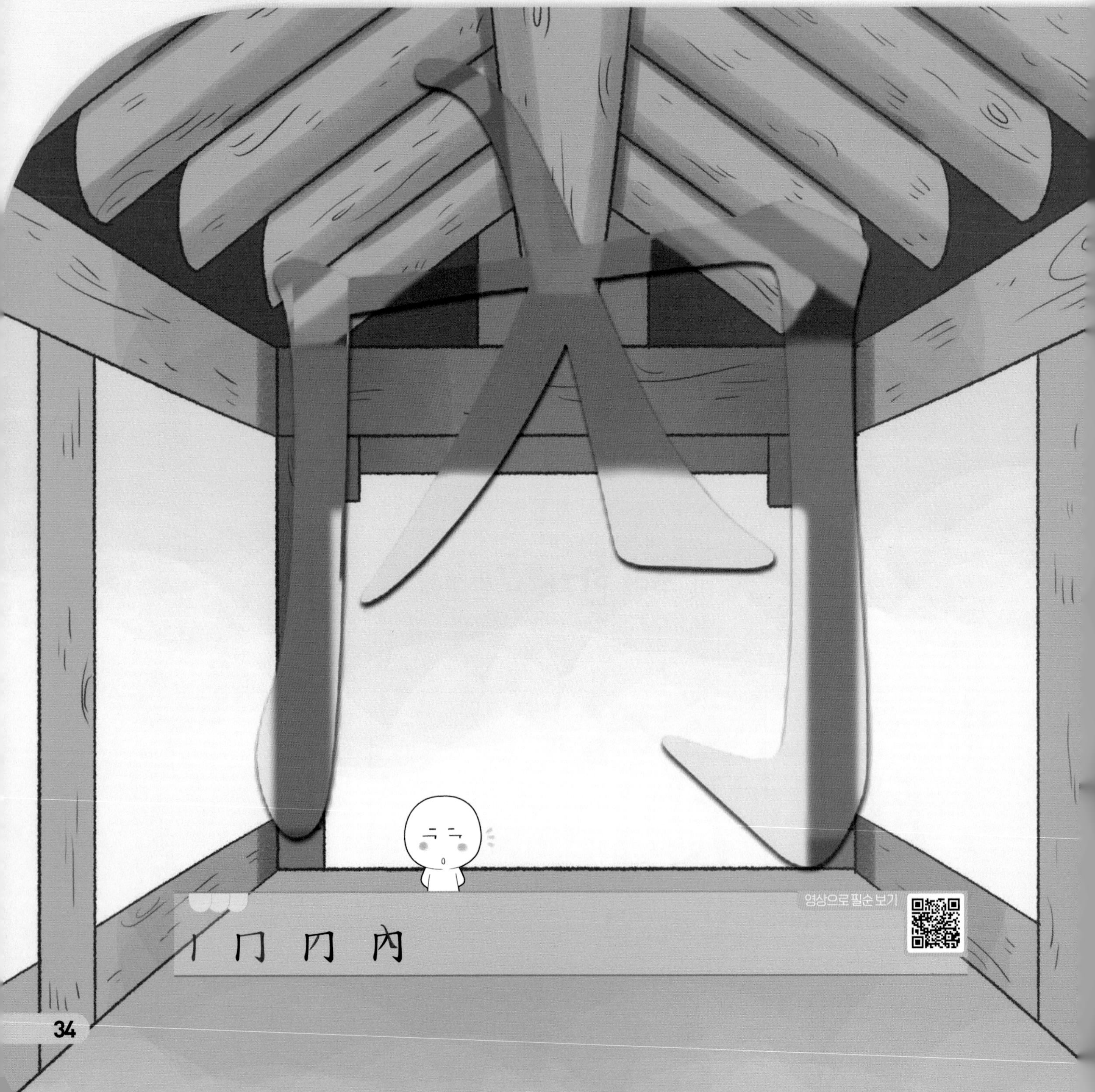

영상으로 필순 보기

丨 冂 冂 內

정답과 해설 111쪽

[1~4] 예문을 보고, 어휘의 뜻으로 알맞은 말을 골라 ✓표를 하세요

국어

내복
안 內 옷 服

겨울에는 내복도 입고, 문틈의 찬 바람도 막아서 따뜻하게 지내자.

1 겉옷의 [☐ 바깥쪽 | ☑ 안쪽]에 몸에 직접 닿게 입는 옷.

국어

내용
안 內 얼굴 容

이 단원에서 배운 내용을 생활 속에서 실천해 봅시다.

2 겉에 드러난 형식 [☐ 밖 | ☐ 안]에 들어 있는 것.

내과
안 內 과목 科

배가 아파 집 근처 내과에 가서 의사 선생님에게 진찰을 받았습니다.

3 몸 안의 질병에 대한 진단, 예방, 치료를 하는 [☐ 병원 | ☐ 가게].

여름

실내화
집 室 안 內 신 靴

나는 내 실내화를 직접 빨아서 신을 수 있어.

4 건물 [☐ 안 | ☐ 밖]에서만 신는 신.

문제로 어휘力 높여요

1 밑줄 친 어휘가 가리키는 쪽으로 알맞은 것을 고르세요.

건물 내부(內部)로 오셔서 승강기를 타고 4층으로 올라오세요.

① 왼쪽 ② 오른쪽 ③ 안쪽 ④ 바깥쪽 ⑤ 위쪽

2 밑줄 친 부분과 바꾸어 쓸 수 있는 어휘로 가장 알맞은 것을 고르세요.

택배 상자에 아빠 이름이 적혀 있어요. 안에 들어 있는 물건이 무엇일지 궁금하지만 아빠가 오실 때까지 열어 보지 않고 기다릴 거예요.

① 가격 ② 상자 ③ 포장지 ④ 내용물 ⑤ 이름표

3 빈칸에 '안 내(內)'가 들어가는 어휘를 쓰세요.

1 윤주는 배탈이 나서 동네에 있는 ☐☐에 가서 주사를 맞았다.

2 교실에서 운동장으로 나가려면 ☐☐☐를 운동화로 갈아 신어야 한다.

4 다음 설명에 가장 알맞은 어휘에 ✓표를 하세요.

겉옷의 안쪽에 몸에 직접 닿게 입는 옷.

☐ 양복 ☐ 교복 ☐ 내복 ☐ 제복

글 쓰며 표현力 높여요

정답과 해설 111쪽

'안 내(內)'가 들어가는 어휘를 넣어서 글을 써 보세요.

동생이 옷을 얇게 입고 바깥에 나갔다가 감기에 걸렸어요. 동생에게 해 줄 말을 적어 보세요.

도움말 내복, 내용, 내과, 실내 등에 '안 내(內)'가 들어가요.

예 내복을 입고 다녀야지. 집 앞에 있는 내과에 빨리 가 보자. 실내 온도도 조금 더 높여야겠어.

따라 쓰며 한자力 완성해요

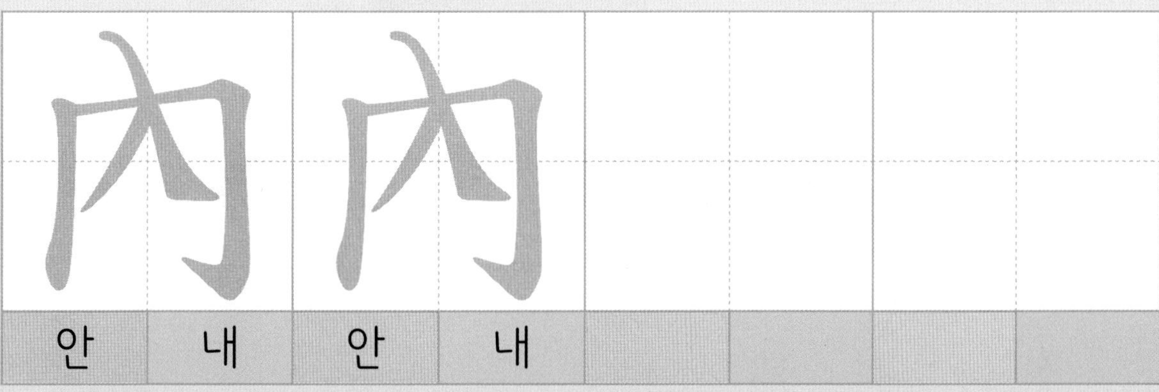

오늘의 학습을 평가해 보아요. 부족함 보통임 잘함

바깥 외(外)

'夕(저녁 석)'과 '卜(점 복)'을 합한 글자입니다. 옛날 사람들은 보통 아침에 점을 쳤는데, 저녁에 점을 치는 것은 예외적인 상황이라는 데서 '바깥'을 뜻하고 '외'라고 읽습니다.

◎ 오늘 배울 한자를 색칠해 보세요.

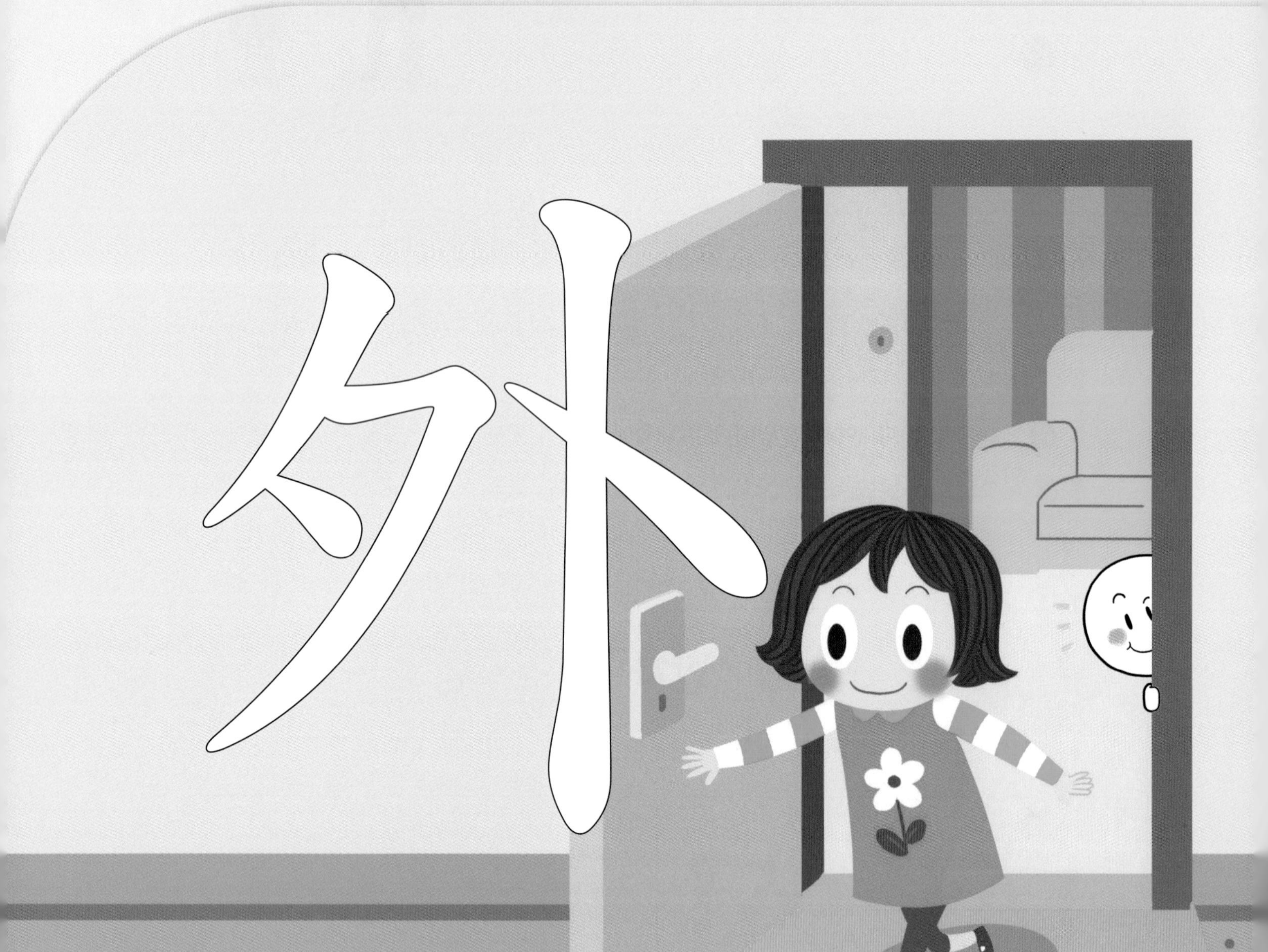

外

丿 ク 夕 夘 外

영상으로 필순 보기

'바깥 외(外)'가 들어간 어휘

정답과 해설 112쪽

[1~4] 두 개의 뜻 중에서 어휘의 알맞은 뜻을 찾아 ✓표를 하세요.

안전한 생활

야외

들 野 바깥 外

1 ☐ 집이나 건물의 안쪽.
☑ 집이나 건물의 밖.

야외 체험학습을 안전하게 다녀와요.

겨울

외국

바깥 外 나라 國

2 ☐ 자기가 태어난 자기 나라.
☐ 자기 나라가 아닌 다른 나라.

외국에 사는 사촌이 우리 집에 놀러 왔어요.

사회

시외

시장 市 바깥 外

3 ☐ 도시의 밖.
☐ 도시의 안.

우리 가족은 주말에 시외버스를 타고 나들이를 갔습니다.

여름

외출

바깥 外 날 出

4 ☐ 원래 있던 자리나 상태로 되돌아옴.
☐ 집이나 일하는 곳에서 벗어나 잠시 밖으로 나감.

외출할 때에는 강한 햇볕을 주의해요.

문제로 어휘 力 높여요

1 밑줄 친 어휘의 뜻으로 알맞은 것을 보기에서 골라 기호를 쓰세요.

보기
㉠ 자기 나라가 아닌 다른 나라.
㉡ 집이나 건물의 밖.

1 날씨가 좋아서 오늘 수업은 야외에서 한대요. [ ]

2 우리나라 가수의 노래를 즐기는 외국인이 많아졌어요. [ ]

2 밑줄 친 곳에 공통으로 들어갈 어휘에 ✓표를 하세요.

• ________했다가 집에 돌아오면 가장 먼저 손을 깨끗이 씻어요.
• 겨울에는 ________할 때 옷을 따뜻하게 입어야 해요.

☐ 여가 ☐ 외출 ☐ 전진 ☐ 연락

3 어휘의 뜻이 서로 반대되도록 빈칸에 알맞은 한자(漢字)를 고르세요.

室內(실내)
: 방이나 건물의 안.

↔

室☐
: 방이나 건물의 밖.

① 服(옷 복) ② 房(방 방) ③ 科(과목 과)
④ 外(바깥 외) ⑤ 容(얼굴 용)

4 '外(외)' 자를 넣어, 밑줄 친 곳에 공통으로 들어갈 어휘를 쓰세요.

• 우리 가족은 할아버지 댁에 가기 위해 ___ㅅㅇ___ 버스 터미널로 갔다.
• 시내에만 있다가 ___ㅅㅇ___로 나오니까 공기가 너무 좋아요.

[ ]

글 쓰며 표현力 높여요

정답과 해설 112쪽

'바깥 외(外)'가 들어가는 어휘를 넣어서 글을 써 보세요.

봄 햇살이 따뜻한 토요일 오후, 무엇을 하면 좋을까요? 부모님께 이야기해 보세요.

도움말 야외, 외국, 시외, 외출 등에 '바깥 외(外)'가 들어가요.

예 이렇게 날씨가 좋은 주말에는 외출하는 사람이 많아서 시외로 나가려면 차도 많이 막힐 것 같아요. 우리는 야외에서 축구나 하면 어떨까요?

따라 쓰며 한자力 완성해요

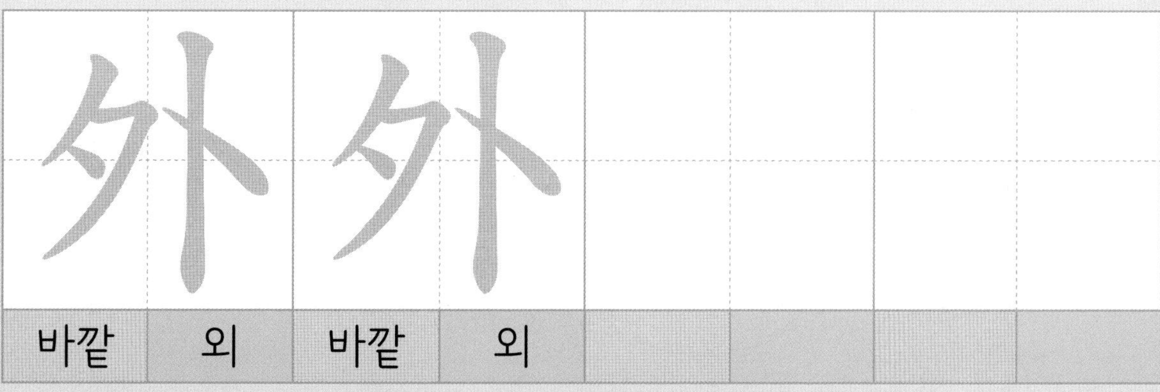

오늘의 학습을 평가해 보아요. 부족함 보통임 잘함

아들 자(子)

포대기에 싸여 있는 아이가 두 팔을 벌리고 있는 모양을 본뜬 글자로, '아들'이나 '자식'을 뜻하고 '자'라고 읽습니다.

◎ 오늘 배울 한자를 색칠해 보세요.

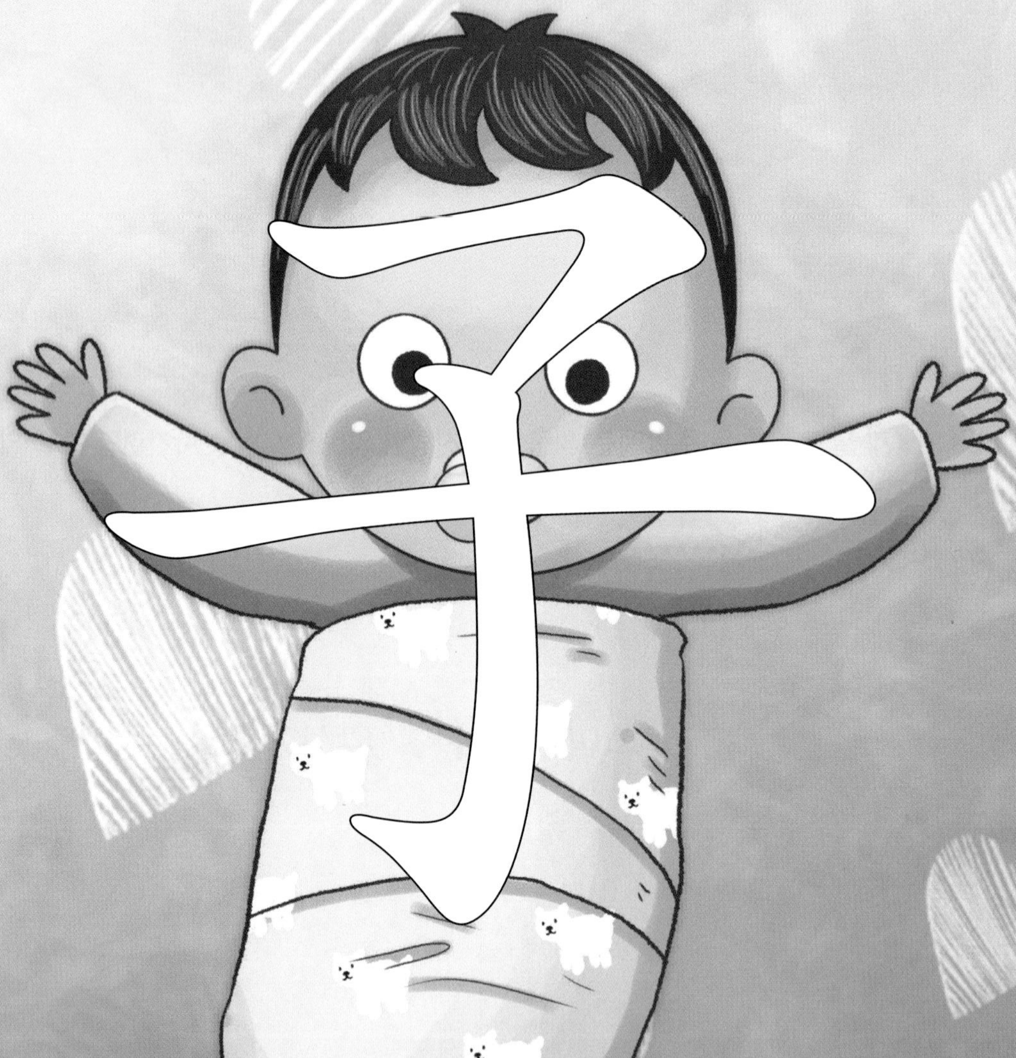

子

영상으로 필순 보기

乛 了 子

'아들 자(子)'가 들어간 어휘

정답과 해설 113쪽

[1~4] 예문을 보고, 어휘의 뜻으로 알맞은 말을 골라 ✓표를 하세요

도덕

손자
손자 孫 | 아들 子

할아버지께서 손자에게 삶에 대해 가르쳐 주셨습니다.

1 아들이나 딸이 낳은 [✓ 아들 | ☐ 딸].

안전한 생활

자녀
아들 子 | 여자 女

부모님은 자녀에게 낯선 사람을 조심하도록 가르쳐 주세요.

2 [☐ 아들과 딸 | ☐ 형과 동생]을 아울러 이르는 말.

국어

자음
아들 子 | 소리 音

글자를 자음자와 모음자로 풀어써 봅시다.

3 우리말의 'ㄱ, ㄴ, ㄷ, ㄹ, ㅁ'과 같이, 말할 때 혀나 입술 등이 입안의 어느 곳에 닿아서 내는 [☐ 그림 | ☐ 소리].

국어

왕자
임금 王 | 아들 子

화가 난 공주는 용을 뒤쫓아 가서 왕자를 구해 오기로 결심했습니다.

4 임금의 [☐ 딸 | ☐ 아들].

문제로 어휘力 높여요

1 빈칸에 공통으로 들어갈 어휘를 쓰세요.

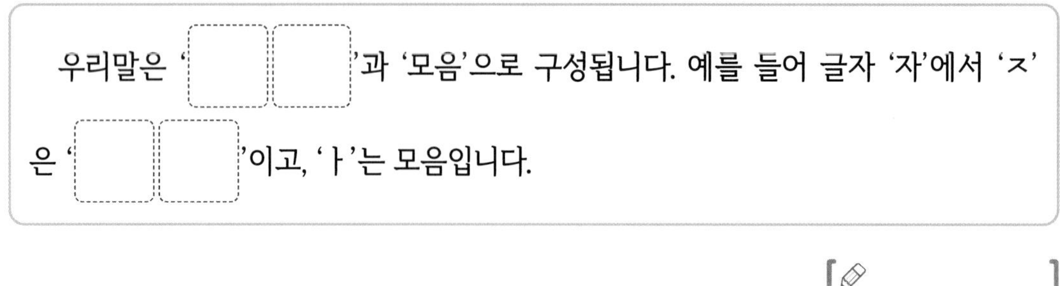

[✎　　　　　]

2 어휘의 뜻이 서로 반대되도록 빈칸에 알맞은 한자(漢字)를 고르세요.

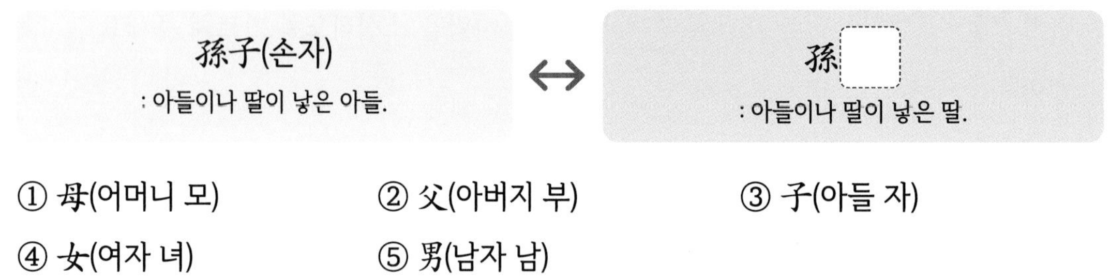

① 母(어머니 모)　② 父(아버지 부)　③ 子(아들 자)
④ 女(여자 녀)　⑤ 男(남자 남)

3 빈칸에 공통으로 들어갈 어휘를 고르세요.

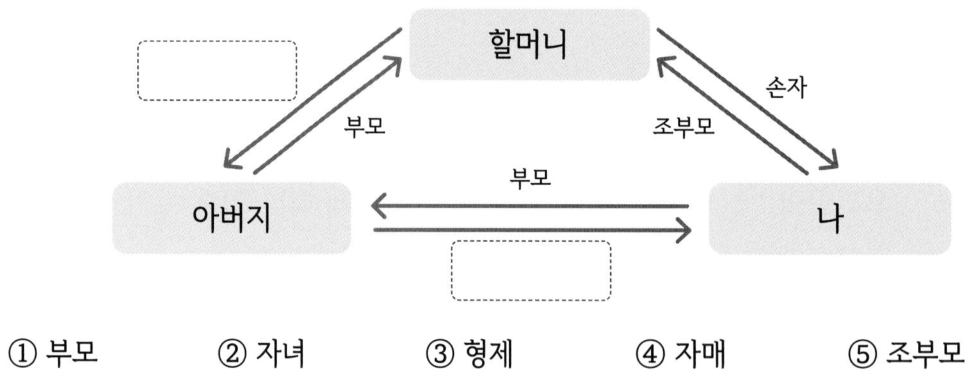

① 부모　② 자녀　③ 형제　④ 자매　⑤ 조부모

4 밑줄 친 곳에 '아들 자(子)'가 들어가는 어휘를 쓰세요.

'임금의 아들.'이라는 뜻으로, 어린 남자아이를 귀엽게 부를 때에도 이 어휘를 써요.
예문 우리 ___ㅇ ㅈ___님이 무슨 일로 이렇게 기분이 좋으실까?

[✎　　　　　]

글 쓰며 표현力 높여요

정답과 해설 113쪽

‘아들 자(子)’가 들어가는 어휘를 넣어서 글을 써 보세요.

학교에서 연극 발표회가 열렸습니다. 내가 선생님이라고 생각하고 발표회에 온 학부모님들에게 인사를 해 보세요.

도움말 손자, 자녀, 왕자 등에 ‘아들 자(子)’가 들어가요.

예 우리 친구들이 열심히 준비한 공연 「왕자와 거지」를 보여 드리겠습니다. 우리 귀여운 자녀와 손자들이 잘할 수 있도록 박수로 격려해 주세요.

따라 쓰며 한자力 완성해요

오늘의 학습을 평가해 보아요. 부족함 보통임 잘함

10 늙을 로(老)

머리카락이 길고 허리가 굽은 노인이 지팡이를 짚고 있는 모습을 본뜬 글자로, '늙다'를 뜻하고 '로' 또는 '노'라고 읽습니다.

◎ 오늘 배울 한자를 순서대로 그려 보세요.

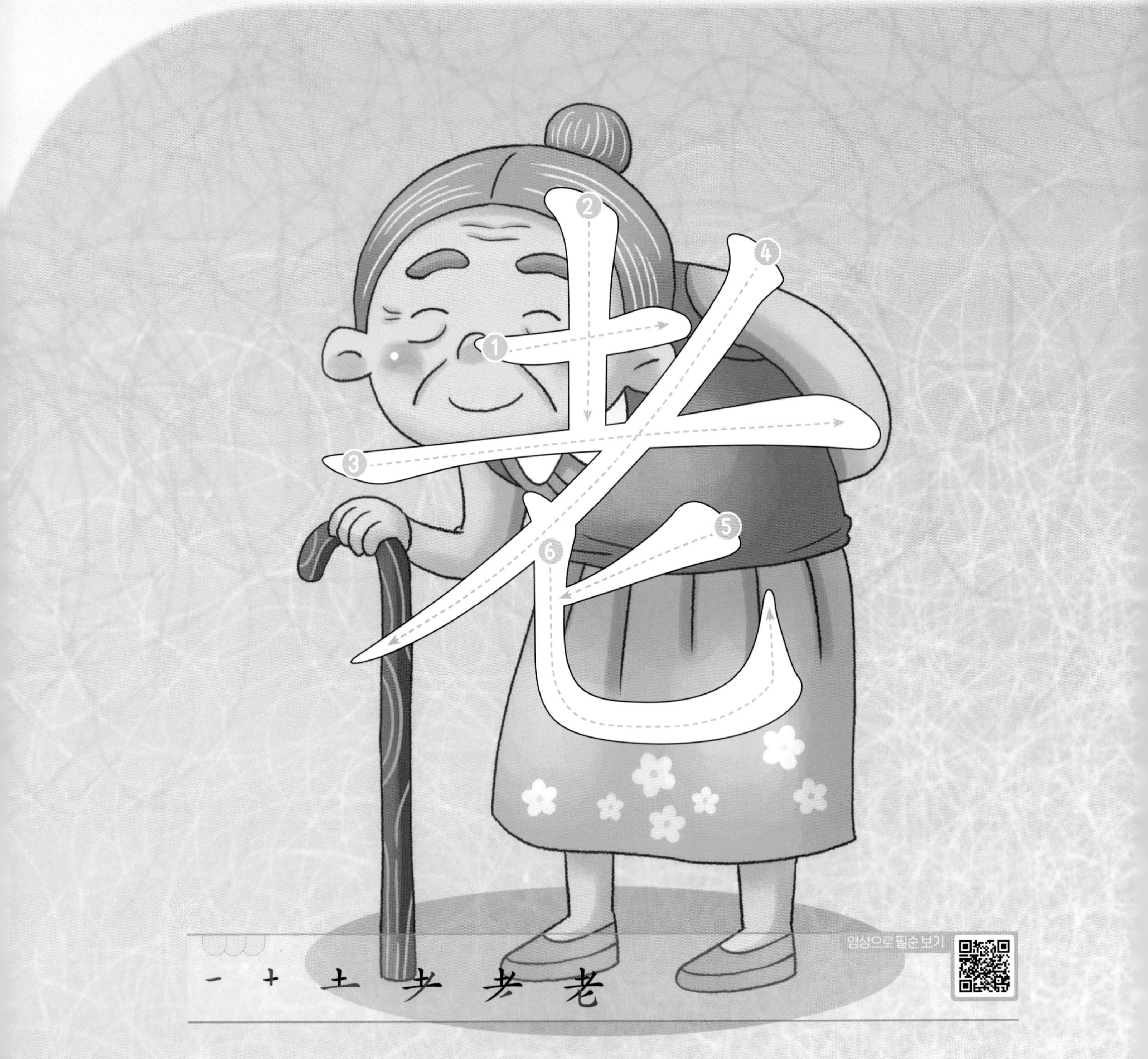
老
1
2
3
4
5
6
영상으로 필순 보기
一 十 土 耂 耂 老

'늙을 로(老)'가 들어간 어휘

정답과 해설 114쪽

[1~4] 두 개의 뜻 중에서 어휘의 알맞은 뜻을 찾아 ✓표를 하세요.

사회

노 인
늙을 老 사람 人

1 ☑ 나이가 들어 늙은 사람.
☐ 나이가 적어 젊은 사람.

할머니는 요즘 노인 복지관에서 요리를 배우세요.

도덕

경 로
공경 敬 늙을 老

2 ☐ 지나는 길.
☐ 노인을 공경함.

덕이네 반 친구들은 경로잔치를 열어 어르신들께 기쁨을 드리기로 했습니다.

도덕

노 약 자
늙을 老 약할 弱 사람 者

3 ☐ 늙거나 약한 사람.
☐ 건장하고 씩씩한 사람.

버스에서 서 있는 노약자에게 자리를 양보했습니다.

국어

남 녀 노 소
사내 男 여자 女 늙을 老 젊을 少

4 ☐ 여러 사람이 손뼉을 치며 크게 웃음.
☐ 남자와 여자, 늙은이와 젊은이라는 뜻으로, 모든 사람을 이르는 말.

1919년 3월 1일, 태극기를 든 남녀노소가 한목소리로 "대한 독립 만세"를 외쳤다.

문제로 어휘 力 높여요

1 빈칸에 공통으로 들어갈 한자(漢字)를 고르세요.

- [ ]쇠하다: 늙어서 쇠약하고 기운이 별로 없다.
- 연[ ]하다: 나이가 많다.

① 弱(약할 약) ② 老(늙을 로) ③ 孝(효도 효)
④ 者(사람 자) ⑤ 敬(공경 경)

2 밑줄 친 어휘의 뜻으로 알맞은 것을 선으로 이으세요.

1 우리 할아버지도 어느새 백발이 성성한 노인이 되셨다. •　　• ㉠ 늙거나 약한 사람.

2 지하철에는 노약자를 위한 자리가 따로 마련되어 있다. •　　• ㉡ 나이가 들어 늙은 사람.

3 '로(老)' 자를 넣어, 빈칸에 공통으로 들어갈 어휘를 한글로 쓰세요.

- 할머니, 할아버지께는 [ ][ ] 우대 혜택을 드려요.
- 할머니께서는 틈만 나면 [ ][ ]당에 가서 친구들과 어울리십니다.

[ ]

4 밑줄 친 부분과 바꾸어 쓸 수 있는 어휘에 ✓표를 하세요.

산불 피해 주민을 돕는 일에 남자와 여자, 늙은이와 젊은이 구분 없이 모두 함께했다.

☐ 백년해로　☐ 견마지로　☐ 남녀노소　☐ 불로장생

글 쓰며 표현力 높여요

정답과 해설 114쪽

‘늙을 로(老)’가 들어가는 어휘를 넣어서 글을 써 보세요.

지하철에서 몸이 불편한 할머니께 자리를 양보하지 않는 친구를 보았어요. 어떤 말을 해 주면 좋을까요?

도움말 노인, 경로, 노약자, 남녀노소 등에 ‘늙을 로(老)’가 들어가요.

예 노인을 공경하는 마음으로 자리를 양보하는 것이 좋겠어. 경로사상은 남녀노소 모두가 지키면 좋겠어.

따라 쓰며 한자力 완성해요

老	老		
늙을 로	늙을 로		

오늘의 학습을 평가해 보아요. 부족함 보통임 잘함

06~10 독해로 마무리해요

정답과 해설 115쪽

1~2 다음 글을 읽고, 물음에 답하세요.

전기 에너지는 화력, 수력, 원자력 등의 발전을 통해 만들어지므로 많은 비용이 발생해요. 그래서 함부로 낭비하면 안 돼요. 전기 에너지를 절약하는 방법은 무엇일까요?

첫째, 외출(外出)할 때는 집 안의 전등불을 껐는지 확인하는 습관을 들여요. 집에 있을 때도 햇빛이 잘 드는 오전(午前)에는 전등불을 꺼야 해요.

둘째, 사용하지 않는 가전 제품의 플러그는 뽑아 놓아야 해요.

셋째, 적정 실내 온도를 유지해요. 겨울에는 내복(內服)을 입고, 여름에는 선풍기나 부채를 에어컨과 함께 사용하면 좋아요.

이렇게 우리 모두 에너지 절약에 앞장서서 소중한 에너지를 우리 자녀(子女) 세대와 손자(孫子) 세대에 물려주도록 합시다.

1 이 글의 중심 내용을 파악하여 빈칸에 가장 알맞은 말을 쓰세요.

전기 ☐☐☐를 절약하는 방법

2 이 글을 읽고 실천할 사항으로 알맞지 않은 것을 고르세요.

① 집 안이 밝을 때는 전등불을 켜지 않는다.
② 집에서 나갈 때는 전등불을 껐는지 확인한다.
③ 여름에는 에어컨과 함께 선풍기나 부채를 사용한다.
④ 사용하지 않을 때는 핸드폰 충전기의 전원을 꺼 둔다.
⑤ 겨울에는 환기를 위해 창문을 계속 열어 두고 보일러를 켠다.

생활 속 성어

풍	전	등	화
바람 風	앞 前	등불 燈	불 火

바람이 불면 등불이 흔들리며 언제 꺼질지 모를 정도로 매우 위태롭지요. 이처럼 '풍전등화'는 '바람 앞의 등불'이라는 뜻으로, 매우 위급한 처지를 비유하는 말입니다.

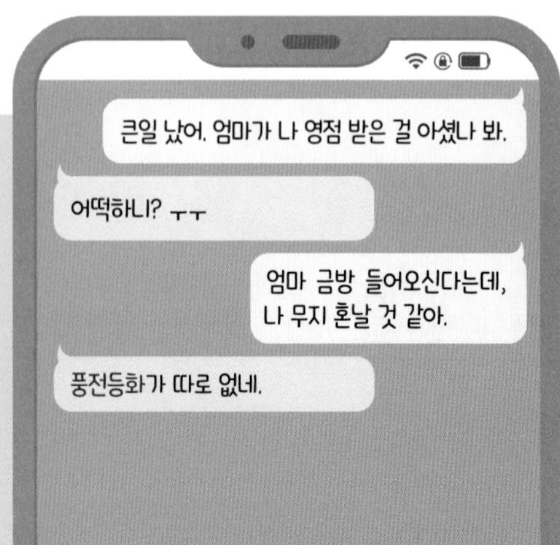

놀이로 정리해요

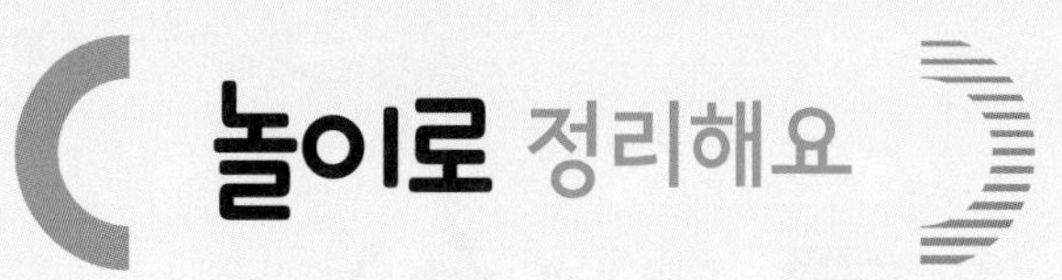

정답과 해설 115쪽

어휘의 뜻풀이가 맞으면 ○로, 틀리면 ×로 건너가서 개구리 친구에게 줄 선물을 골라 보세요.

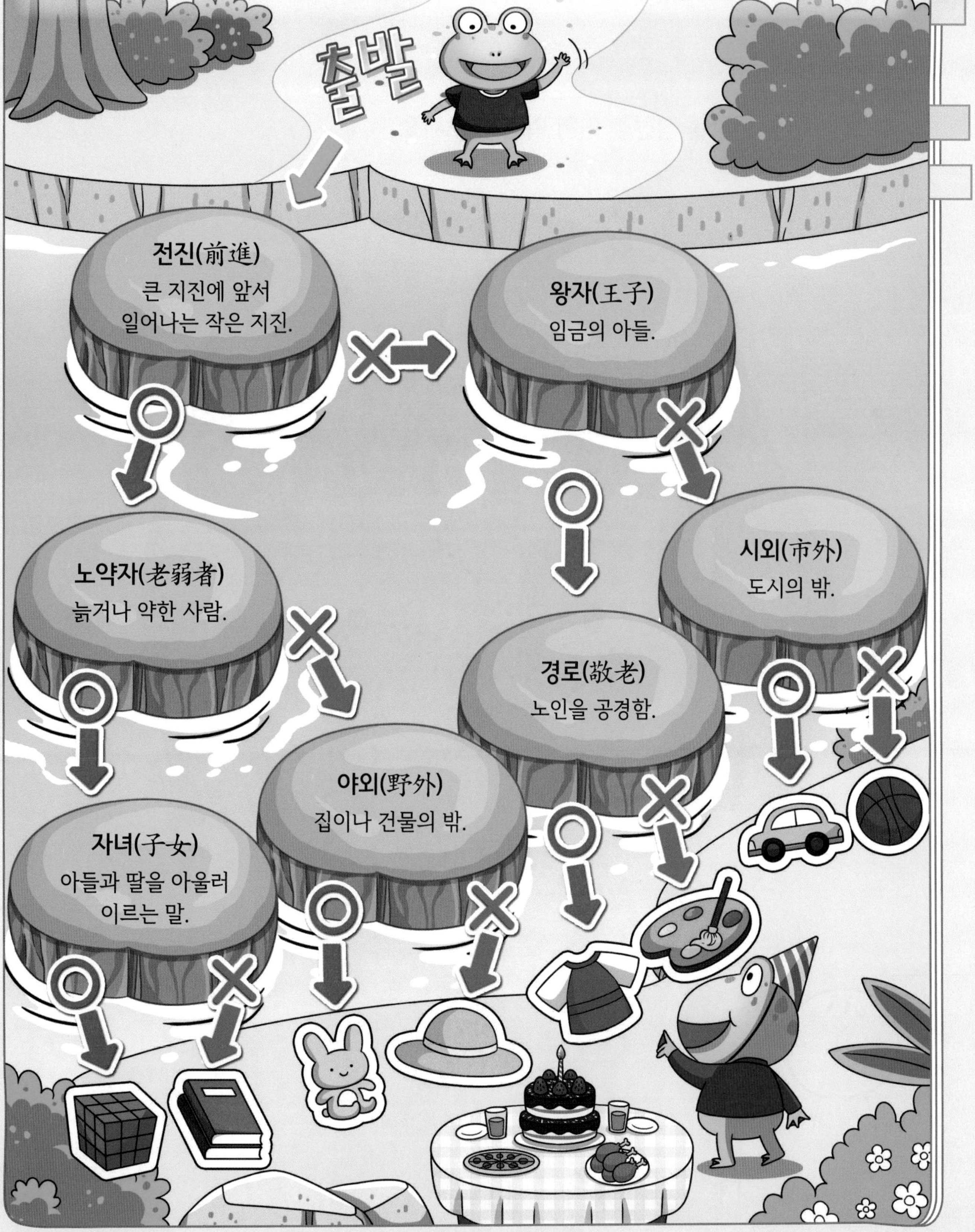
출발
전진(前進)
큰 지진에 앞서 일어나는 작은 지진.
왕자(王子)
임금의 아들.
노약자(老弱者)
늙거나 약한 사람.
시외(市外)
도시의 밖.
경로(敬老)
노인을 공경함.
야외(野外)
집이나 건물의 밖.
자녀(子女)
아들과 딸을 아울러 이르는 말.

스스로 자(自)

사람의 코 모양을 본뜬 글자로, 자신을 가리킬 때 손가락 방향이 코를 향한다는 데서 '스스로'를 뜻하고 '자'라고 읽습니다.

◎ 오늘 배울 한자를 점선을 이어 확인해 보세요.

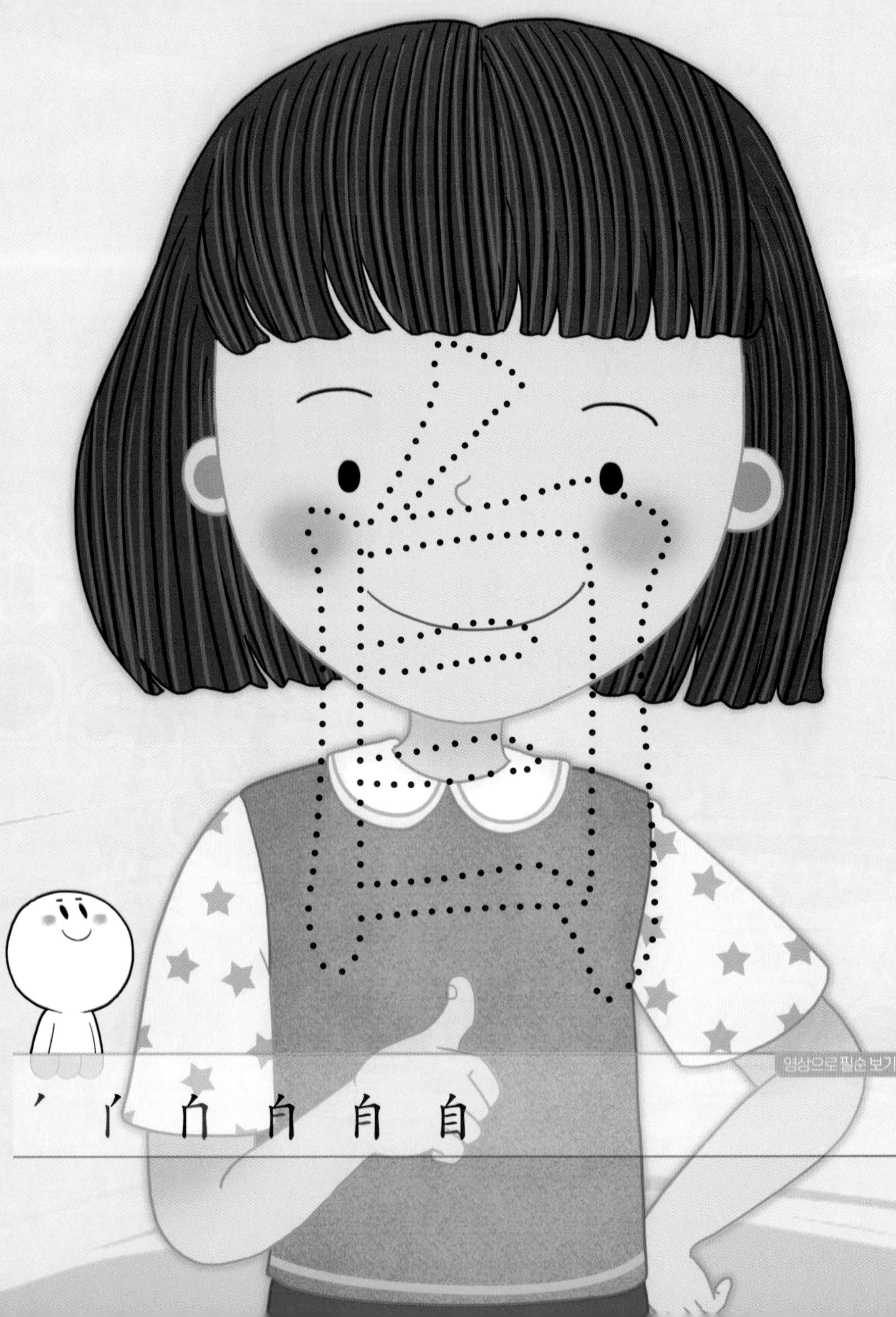

영상으로 필순 보기

′ 亻 白 自 自 自

정답과 해설 116쪽

[1~4] 예문을 보고, 어휘의 뜻으로 알맞은 말을 골라 ✓표를 하세요.

봄

자연
스스로 自 그럴 然

봄에는 푸르른 새싹과 노란 개나리 같은 아름다운 자연을 감상할 수 있습니다.

1 사람의 힘이 [☐ 더해져서 | ☑ 더해지지 않고 저절로] 이루어지는 존재나 상태 또는 환경.

국어

자동
스스로 自 움직일 動

나는 식당에서 정확한 음을 자동으로 연주하는 피아노를 본 적이 있어요.

2 ① 기계나 장치 등이 [☐ 스스로 | ☐ 남이 시켜서] 움직임.
② 일이나 행동이 의사와 상관없이 이루어지는 것.

국어

자신
스스로 自 몸 身

인상 깊었던 자신의 경험을 떠올려 보고 글로 써 봅시다.

3 그 사람의 [☐ 생각 | ☐ 몸] 또는 바로 그 사람.

수학

자유
스스로 自 말미암을 由

하루의 시간으로 계획표를 짤 때 자유 시간은 꼭 있어야 합니다.

4 남의 구속을 받지 않고, [☐ 부모님 | ☐ 자기] 마음대로 하는 것.

문제로 어휘力 높여요

1 **'자(自)' 자를 넣어, 빈칸에 공통으로 들어갈 어휘를 한글로 쓰세요.**

이 섬에서는 사시사철 아름다운 [　　　]의 모습을 볼 수 있습니다. 이런 [　　　]과 더불어 살아가다 보면 마음이 절로 너그러워집니다.

[✎　　　　　]

2 **다음 설명에 가장 알맞은 어휘에 ○표를 하세요.**

그 사람의 몸 또는 바로 그 사람.

정신	자식	자신	타인

3 **어휘의 뜻이 서로 반대되도록 빈칸에 알맞은 글자를 고르세요.**

수동(受動)
: 스스로 움직이지 않고 남의 힘을 받아 움직임.

↔

[　]동([　]動)
: 스스로 움직이거나 작동함.

① 일(日, 날 일)　② 자(子, 아들 자)　③ 자(自, 스스로 자)
④ 취(臭, 냄새 취)　⑤ 운(運, 옮길 운)

4 **밑줄 친 곳에 '자유(自由)'를 쓰기에 어색한 문장의 기호를 쓰세요.**

㉠ ________롭게 하늘을 날아다니는 새들을 보니 나까지 기분이 좋아져.
㉡ 분리수거를 열심히 해서 지구의 아름다운 ________환경을 보호해야 해.
㉢ 오늘은 선생님이 ________ 시간을 주셔서 친구들과 함께 공기놀이를 했어.

[✎　　　　　]

글 쓰며 표현力 높여요

정답과 해설 116쪽

◎ '스스로 자(自)'가 들어가는 어휘를 넣어서 글을 써 보세요.

오늘은 선생님의 도움 없이 스스로 공부하는 날이에요. 책상에 앉아 내가 계획한 공부를 다 마친 뒤에, 어떤 기분이 들었는지 친구들에게 이야기해 보세요.

도움말 자신, 자유, 자신감, 자부심, 자존심 등에 '스스로 자(自)'가 들어가요.

예 오늘 너무 피곤했는데, 나 자신과의 약속을 지키기 위해 책상에 앉았어. 스스로 계획한 공부를 마치고 나자 자부심이 느껴지고 마음이 뿌듯했어.

따라 쓰며 한자力 완성해요

오늘의 학습을 평가해 보아요. 부족함 보통임 잘함

12 설 립(立)

땅 위에 서 있는 사람의 모습을 본뜬 글자로, '서다'를 뜻하고 '립'이라고 읽습니다.

● 오늘 배울 한자를 색칠해 보세요.

영상으로 필순 보기

丶 亠 亣 立 立

'설 립(立)'이 들어간 어휘

정답과 해설 117쪽

[1~4] 두 개의 뜻 중에서 어휘의 알맞은 뜻을 찾아 ✓표를 하세요.

국어

독립 (홀로 獨, 설 立)

1 □ 남에게 기대고 의지하는 것.
✓ 남의 다스림을 받지 않고, 남에게 의지하지 않는 것.

우리 조상들은 일본의 침략에서 벗어나기 위해 독립 만세 운동을 했습니다.

국어

대립 (대할 對, 설 立)

2 □ 의견이나 처지 등이 서로 같거나 비슷함.
□ 의견이나 처지 등이 서로 반대되거나 어긋남.

친구들 사이의 의견 대립이 커지면 선생님께 도움을 요청할 수 있습니다.

수학

입체 (설 立, 몸 體)

3 □ 삼차원의 공간에서 여러 개의 평면이나 곡면*으로 둘러싸인 물체.
□ 평평한 표면.

'곡면'은 원기둥이나 공의 겉면처럼 평평하지 않고 굽은 면을 말해요.

쌓기 나무를 이용하여 여러 가지 입체 도형을 만들어 봅시다.

체육

자립심 (스스로 自, 설 立, 마음 心)

4 □ 남에게 기대어 서로 함께하려는 마음가짐.
□ 남에게 의지하지 않고 자기 스스로 서려는 마음가짐.

시호는 어떤 일이든지 혼자 하려고 하는 자립심이 강한 편이었습니다.

문제로 어휘 力 높여요

1 '립(立)' 자를 넣어, 빈칸에 공통으로 들어갈 어휘를 쓰세요.

• 영화에서 주인공들은 서로 [ㄷㄹ]하였고, 마침내 결투를 하였습니다.

• 회의를 할 때 의견 [ㄷㄹ]이 심하여 최종 결정은 다음에 하기로 하였습니다.

[ ]

2 내용에 알맞은 어휘를 괄호 안에서 골라 ○표를 하세요.

아이는 성장할수록 (독립 | 국립)적으로 할 수 있는 일이 많아져야 한다.

3 설명을 읽고, 빈칸에 알맞은 어휘에 ✓표를 하세요.

[ ][ ] 도형

삼차원 공간에서 여러 개의 평면이나 곡면으로 둘러싸여 부피를 가지는 도형.

☐ 입구 ☐ 입체 ☐ 대칭 ☐ 곡선

4 빈칸에 알맞은 어휘를 보기에서 골라 쓰세요.

보기

자립(自立) 고립(孤立)

1 그는 마치 무인도에 있는 것처럼 [ ]된 상태가 되었습니다.

다른 사람과 어울리지 않거나 도움을 받지 못하여 외톨이로 됨.

2 우리와 함께 살던 이모는 취직한 뒤 집을 마련하여 [ ]하였습니다.

남에게 의지하지 않고 스스로 섬.

글 쓰며 표현力 높여요

정답과 해설 117쪽

'설 립(立)'이 들어가는 어휘를 넣어서 글을 써 보세요.

오늘은 우리 학교가 처음 세워진 '창립 기념일'이에요. 내가 교장 선생님이 되었다고 상상하고, 기념일을 맞아 학생들에게 해 주고 싶은 말을 써 보세요.

도움말 독립, 대립, 자립심, 창립, 입장 등에 '설 립(立)'이 들어가요.

예 학교에서 친구들과 지내다 보면 서로 대립하는 일도 생길 거예요. 그럴 때에 상대의 입장을 이해하려고 노력하면, 인생에서 무엇보다 소중한 '우정'을 얻게 될 것입니다.

따라 쓰며 한자力 완성해요

오늘의 학습을 평가해 보아요. 부족함 보통임 잘함

《 공부한 날짜 월 일 》

빌 공(空)

'구멍 혈(穴)'과, 공구의 모양을 본뜬 '장인 공(工)'을 합한 글자입니다. 장인이 도구로 구멍을 뚫었다는 의미에서 '비다', '공허하다'를 뜻하고 '공'이라고 읽습니다.

◎ 오늘 배울 한자를 순서대로 그려 보세요.

영상으로 필순 보기

丶 丷 宀 穴 空 空 空 空

정답과 해설 118쪽

[1~4] 예문을 보고, 어휘의 뜻으로 알맞은 말을 골라 ✓표를 하세요.

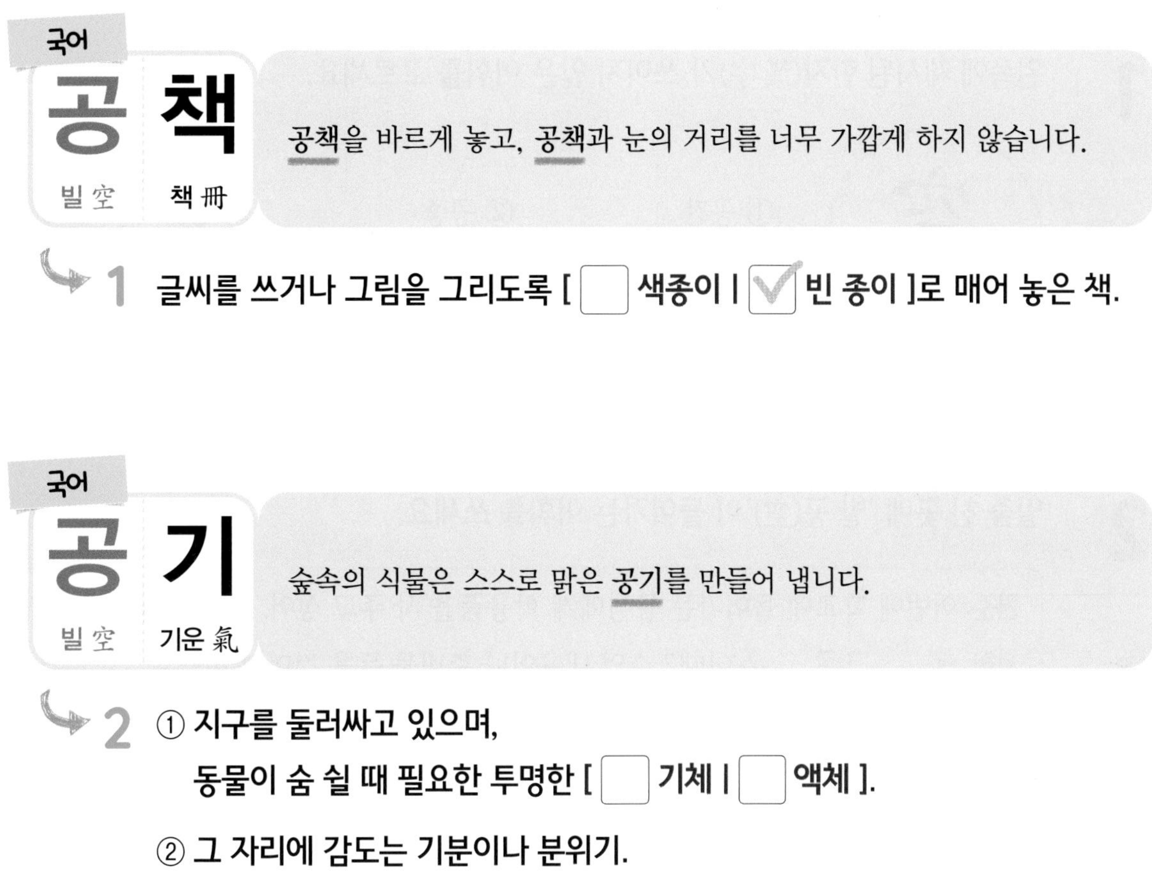

국어

공책
빌 空 책 冊

공책을 바르게 놓고, 공책과 눈의 거리를 너무 가깝게 하지 않습니다.

1 글씨를 쓰거나 그림을 그리도록 [☐ 색종이 | ☑ 빈 종이]로 매어 놓은 책.

국어

공기
빌 空 기운 氣

숲속의 식물은 스스로 맑은 공기를 만들어 냅니다.

2 ① 지구를 둘러싸고 있으며,
동물이 숨 쉴 때 필요한 투명한 [☐ 기체 | ☐ 액체].

② 그 자리에 감도는 기분이나 분위기.

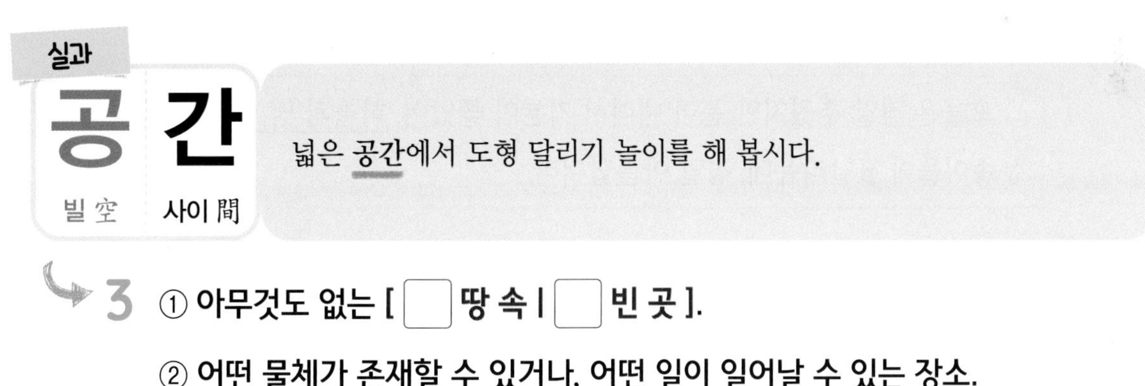

실과

공간
빌 空 사이 間

넓은 공간에서 도형 달리기 놀이를 해 봅시다.

3 ① 아무것도 없는 [☐ 땅 속 | ☐ 빈 곳].

② 어떤 물체가 존재할 수 있거나, 어떤 일이 일어날 수 있는 장소.

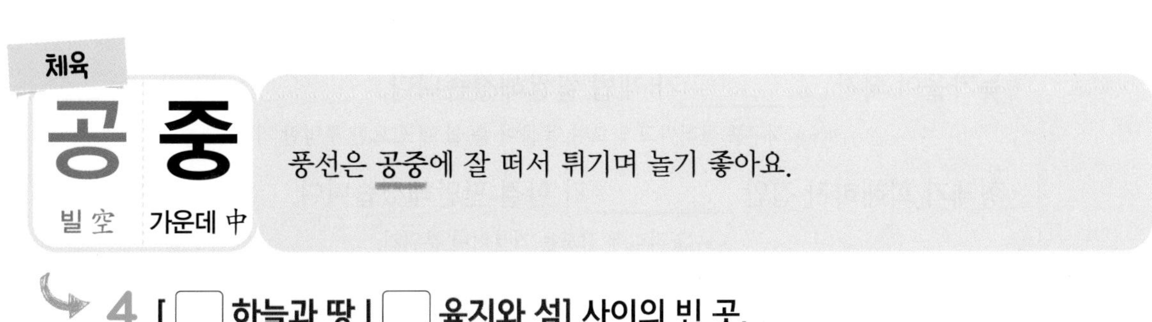

체육

공중
빌 空 가운데 中

풍선은 공중에 잘 떠서 튀기며 놀기 좋아요.

4 [☐ 하늘과 땅 | ☐ 육지와 섬] 사이의 빈 곳.

문제로 어휘力 높여요

1 왼쪽에 제시된 한자(漢字)가 쓰이지 않은 어휘를 고르세요.

① 공간 ② 공중 ③ 공부
④ 공기 ⑤ 공책

2 밑줄 친 곳에 '빌 공(空)'이 들어가는 어휘를 쓰세요.

원준: 이번에 학교에 들어가는 동생에게 학용품을 사 주고 싶어. 어떤 것이 좋을까?
시현: 1 ___ㄱㅊ___은 어때? 수업 내용이나 준비물 등을 적어야 하잖아.
원준: 맞아. 적을 수 있는 2 ___ㄱㄱ___이 넓은 것으로 골라 사야겠어.

1 [ ] 2 [ ]

3 밑줄 친 내용과 뜻이 가장 비슷한 어휘에 ○표를 하세요.

오늘은 정말 추웠지만 눈이 내려서 기분이 좋았어. 하늘과 땅 사이의 빈 곳에 하얀 눈송이들이 흩날리는데, 정말 아름답더라.

공사 공원 공중 대중

4 밑줄 친 곳에 공통으로 들어갈 어휘를 쓰세요.

• 늦가을이 되자 ________가 제법 쌀쌀해졌습니다.
↳ 지구를 둘러싸고 있으며, 동물이 숨 쉴 때 필요한 투명한 기체.
• 형제가 화해하자 집안 ________가 한결 편안해졌습니다.
↳ 그 자리에 감도는 기분이나 분위기.

[ ]

글 쓰며 표현力 높여요

정답과 해설 118쪽

‘빌 공(空)’이 들어가는 어휘를 넣어서 글을 써 보세요.

오늘은 손꼽아 기다리던 여행 날이에요. 비행기를 타고 갈 거라, 공항에 도착해서 탑승 시간을 기다리고 있어요. 이때 어떤 풍경이 보이고, 어떤 기분이 드나요? 나의 감정을 짧은 글로 써 보세요.

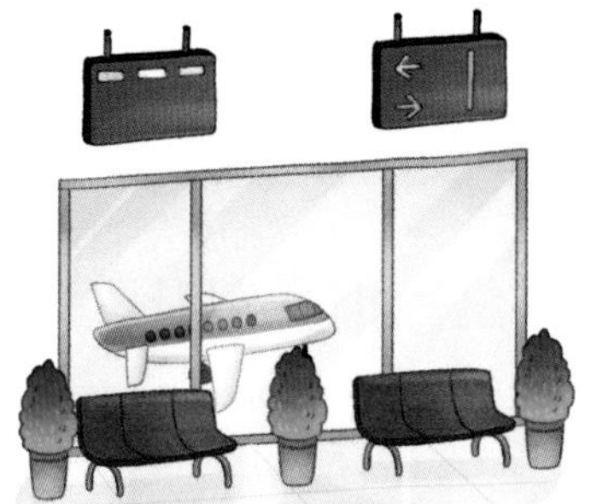

도움말 공기, 공간, 공항, 항공, 허공 등에 ‘빌 공(空)’이 들어가요.

예 난 비행기 탑승이 처음인데, 공항에는 비행기가 익숙해 보이는 사람들이 많아 신기했다. 공중으로 뜰 때에는 조금 무서울 것 같지만, 이 무서움을 이겨 낸다면 한 뼘 더 성장하는 계기가 될 것이다.

따라 쓰며 한자力 완성해요

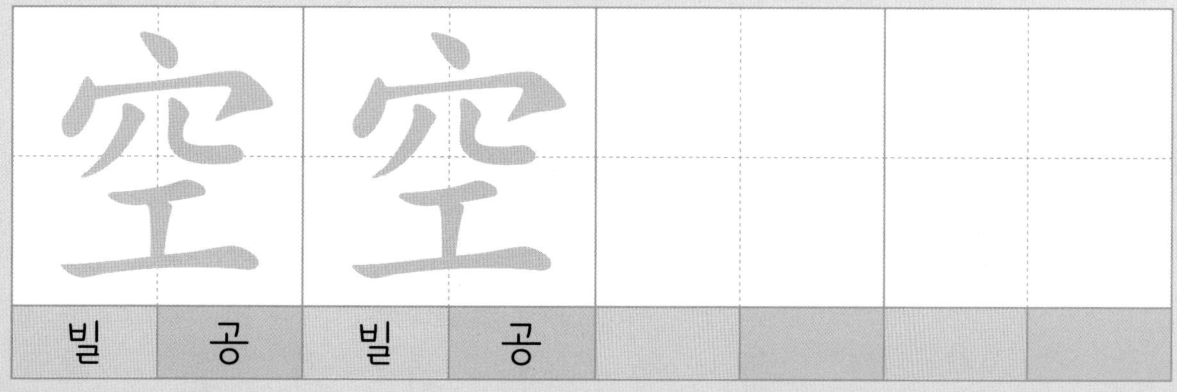

오늘의 학습을 평가해 보아요. 부족함 보통임 잘함

기운 기(氣)

쌀[米]에서 수증기[气]가 피어오르는 모습을 표현한 글자로, '기운'을 뜻하고 '기'라고 읽습니다.

◎ 오늘 배울 한자를 그림 속에서 찾아보세요.

영상으로 필순 보기

丿 𠂉 𠂉 气 气 气 気 氣 氣 氣

'기운 기(氣)'가 들어간 어휘

정답과 해설 119쪽

[1~4] 두 개의 뜻 중에서 어휘의 알맞은 뜻을 찾아 ✔표를 하세요.

국어

기분 (기운 氣 / 나눌 分)

1 ☑ 마음에 절로 생기는 유쾌함, 불쾌함 등의 감정.
☐ 살면서 절로 생기는 상처와 극복 등의 성장 과정.

이런저런 얘기를 하니까 신기하게도 기분이 다시 좋아지는 것 같아요.

국어

인기 (사람 人 / 기운 氣)

2 ☐ 재물을 풍부하게 가지고 있는 사람.
☐ 어떤 대상에 쏠리는 높은 관심이나 좋아하는 기운.

이 신발이 요즘 인기 있는 신발이에요.

겨울

감기 (느낄 感 / 기운 氣)

3 ☐ 주로 바이러스로 인해 걸리는 호흡 계통의 병.
☐ 마음이 답답하여 조금도 즐겁지 않은 심리 상태.

겨울에는 날씨가 추워서 감기에 쉽게 걸려요.

봄

일기 (날 日 / 기운 氣)

4 ☐ 그날그날의 있었던 일을 적는 글의 종류.
☐ 그날그날의 비, 구름 등이 나타나는 기상 상태.

친구들은 모두 일기 예보를 보고 우산을 가지고 왔습니다.

문제로 어휘 力 높여요

1 '인기(人氣)'의 뜻으로 알맞은 어휘를 괄호 안에서 찾아 ○표 하세요.

인기(人氣)

뜻 어떤 대상에 쏠리는 높은 관심이나 (미워하는 | 좋아하는) 기운.

2 '기분(氣分)'의 뜻을 읽고, 이에 해당하지 않는 어휘를 고르세요.

마음에 절로 생기는 유쾌함, 불쾌함 등의 감정.

① 화나다 ② 행복하다 ③ 연약하다

④ 우울하다 ⑤ 벅차오르다

3 밑줄 친 '일기'의 의미가 나머지와 다르게 쓰인 문장의 기호를 쓰세요.

㉠ 오늘 일기가 따뜻해서 공원에 나들이 나온 사람이 많습니다.

㉡ 방을 정리하다가 할아버지가 평생 쓰신 일기를 발견하였습니다.

㉢ 봄에는 따뜻하다가도 금세 추워지는 등 일기가 매우 변덕스럽습니다.

[ ]

4 빈칸에 알맞은 어휘를 보기에서 골라 쓰세요.

보기

감기 일기 예보

1 마스크를 쓰지 않고 돌아다녔더니 [ ]에 걸렸습니다.

↳ 주로 바이러스로 인해 걸리는 호흡 계통의 병.

2 [ ]에 따르면 오늘 밤 늦게부터 많은 비가 내릴 것이라고 하였습니다.

↳ 날씨의 변화를 예측하여 미리 알리는 일.

글 쓰며 표현力 높여요

정답과 해설 119쪽

◎ '기운 기(氣)'가 들어가는 어휘를 넣어서 글을 써 보세요.

나는 광고의 글귀를 만드는 유능한 '카피라이터'예요. 오늘은 은은한 향기가 매력적인 '별 반짝 향수'를 광고해 달라는 제안을 받았어요. 어떤 말로 이 향수를 홍보하면 좋을까요? 광고 문구를 직접 만들어 보세요.

도움말 기분, 인기, 향기, 공기, 분위기, 기운 등에 '기운 기(氣)'가 들어가요.

예 상쾌한 향기는 축 처진 당신의 기분도, 당신이 머무는 공간의 분위기도 한층 밝아지게 만들어 줄 수 있습니다. 별 반짝 향수! 놓치지 마세요.

따라 쓰며 한자力 완성해요

오늘의 학습을 평가해 보아요. 부족함 보통임 잘함

바다 해(海)

'氵(水, 물 수)'와, 어둡다는 뜻을 지닌 '每(매양 매)'를 합하여 넓고 깊고 어두운 바다의 모습을 나타냈습니다. '바다'를 뜻하고 '해'라고 읽습니다.

● 오늘 배울 한자를 색칠해 보세요.

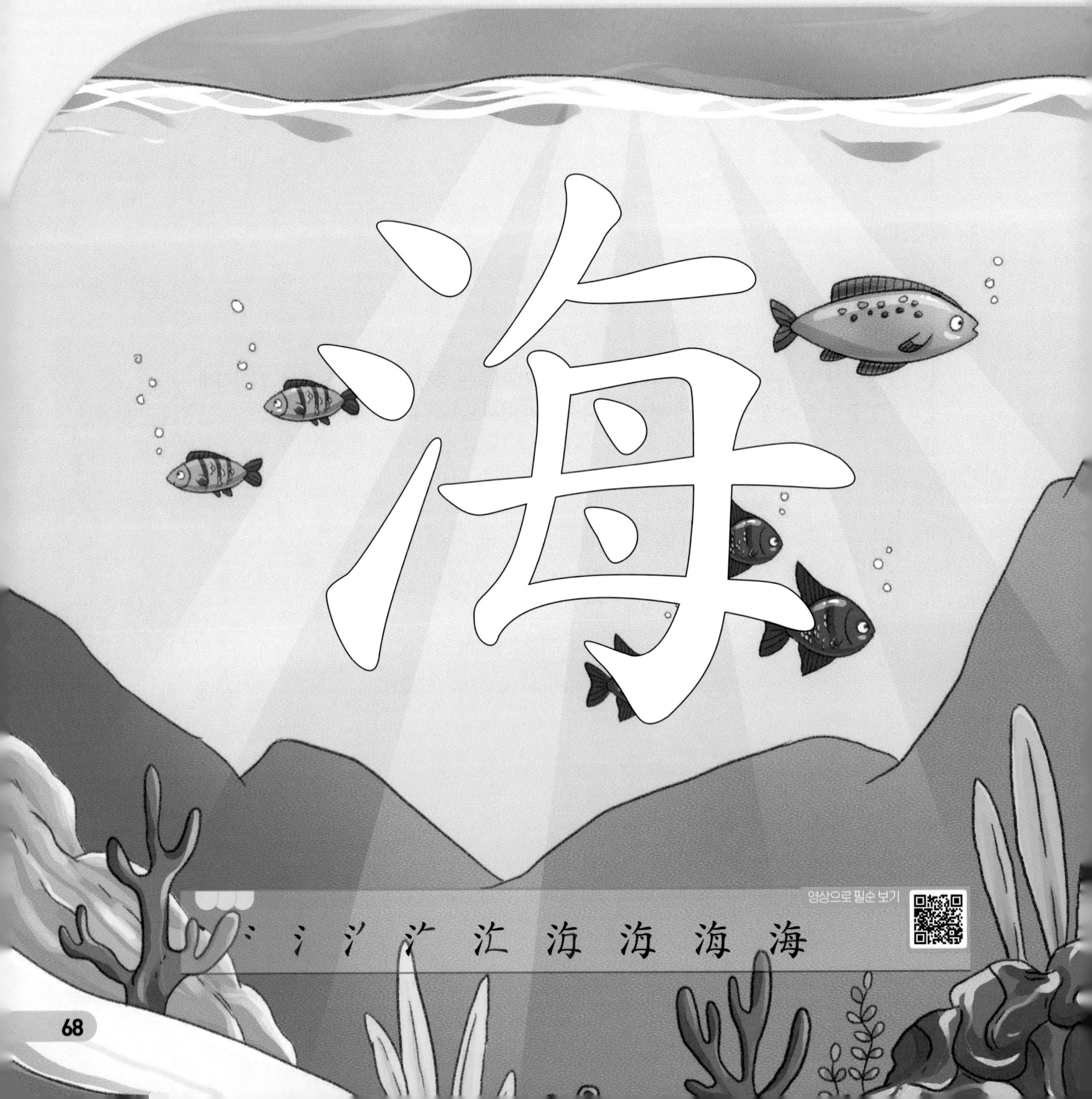

海

영상으로 필순 보기

丶 冫 氵 氵 汇 汇 海 海 海 海

정답과 해설 120쪽

[1~4] 예문을 보고, 어휘의 뜻으로 알맞은 말을 골라 ✓표를 하세요.

해 물
바다 海 물건 物

오늘은 싱싱한 해물로 만든 요리를 먹었습니다.

1 바다에서 나는 [☐ 유물 | ☑ 동식물]을 통틀어 이르는 말.

미술

해 초
바다 海 풀 草

여러 갈래의 물감 자국으로 물속의 해초들을 표현할 수 있습니다.

2 바다에 나는 [☐ 식물 | ☐ 물고기]을 통틀어 이르는 말.

국어

해 외
바다 海 바깥 外

해외에서 독립운동을 하신 분들을 소개한 책을 읽어 봐야겠습니다.

3 다른 [☐ 나라 | ☐ 언어]를 이르는 말.

수학

해 양
바다 海 큰 바다 洋

수족관에서 해양 동물에게 먹이를 주는 체험 활동을 하고 있습니다.

4 [☐ 넓고 큰 | ☐ 좁고 작은] 바다.

1 다음 설명에 해당하는 한자(漢字)에 ○표를 하세요.

넓고 깊은 바다를 뜻하고, '해변', '해수욕장' 등의 어휘에 쓰입니다.

山	江	地	海

2 빈칸에 '해(海)'가 들어간 어휘를 쓰세요.

주윤: 하민아. 넌 여행 가 보고 싶은 곳이 있어?

하민: 그럼. 아주 많아. 미국, 캐나다, 일본, 태국, 호주, 프랑스…….

주윤: 아하! 여행 가 보고 싶은 곳이 주로 [ㅎㅇ]구나.

[ ]

3 어휘의 의미로 알맞은 것을 선으로 이으세요.

1 해물(海物) • • ㉠ 바다에 괴어 있는 짠물.

2 해수(海水) • • ㉡ 바다에 나는 식물.

3 해초(海草) • • ㉢ 바다에서 나는 동식물.

4 빈칸에 '해양(海洋)'을 쓰기에 어색한 문장의 기호를 쓰세요.

㉠ 지구에서 가장 넓은 [ ]은 태평양입니다.

㉡ 이 책에는 배를 타고 다니면서 재물을 빼앗는 [ ]이 나와요.

㉢ 요즘 바다에 쓰레기를 버리는 사람이 많아 [ ] 오염이 심각합니다.

[ ]

글 쓰며 표현力 높여요

정답과 해설 120쪽

‘바다 해(海)’가 들어가는 어휘를 넣어서 글을 써 보세요.

가족들과 함께 바닷가로 여행을 왔어요. 끝없이 푸르게 펼쳐진 바다를 바라보며 어떤 생각이 들고, 어떤 기분이 되었나요? 가장 친한 친구에게 전화를 걸어 이야기해 보세요.

도움말 해물, 해초, 동해, 남해, 해변, 해안 등에 ‘바다 해(海)’가 들어가요.

예 현주야! 나 방금 동해에 도착했어. 해변의 모래가 하얗게 펼쳐져서 정말 예뻐. 이 지역은 해초 비빔밥과 해물 요리가 유명하다는데, 너와 같이 먹으면 좋겠다.

따라 쓰며 한자力 완성해요

오늘의 학습을 평가해 보아요. 부족함 보통임 잘함

11~15 독해로 마무리해요

정답과 해설 121쪽

1~2 다음 글을 읽고, 물음에 답하세요.

안녕? 만나서 반가워. 지금부터 나 자신(自身)을 소개할게. 내가 가장 기분(氣分)이 좋을 때는 친구들과 함께 시간을 보낼 때야. 학교에서는 수학 시간을 제일 기다리지. 오늘은 입체(立體) 도형이 무엇인지 배웠는데, 정말 흥미로웠어. 아, 그리고 해물(海物) 요리를 좋아해서, 주말에는 해물 요리로 인기(人氣) 있는 식당에도 자주 가.

난 계획을 세워 실천할 때에 뿌듯함을 느껴. 그래서 항상 그날 해야 할 일을 공책(空冊)에 적어 두고 지켜. 나는 넓은 해양(海洋)을 자유롭게 누비며 살아가는 선장이 되는 것이 꿈이야. 그러려면 자립심(自立心)을 길러 멋진 어른이 되어야겠지? 자, 이제 네 소개를 해 줄래?

1 이 글이 무엇을 소개하고 있는지 파악하여 빈칸에 알맞은 말을 쓰세요.

{ [ㅈㅅ] 이 좋아하는 것과 이루고 싶은 꿈 }

[ ]

2 이 글의 '나'에 대한 설명으로 알맞지 않은 것을 고르세요.

① 친구들과 함께 있는 것을 좋아한다.

② 학교에서 수학 시간을 가장 기다린다.

③ 학교 친구들보다 자립심이 강한 편이다.

④ 주말에는 해물 요리를 하는 식당에 자주 간다.

⑤ 해야 할 일을 계획하고, 이를 실천하면 뿌듯함을 느낀다.

생활 속 성어

상전벽해

뽕나무 桑 / 밭 田 / 푸를 碧 / 바다 海

'뽕나무밭이 푸른 바다가 되었다.'라는 뜻으로, 세상이 몰라볼 정도로 엄청나게 바뀐 것을 의미합니다. 어떤 장소가 알아보기 힘들 정도로 변해서 예전 모습이 남아 있지 않을 때 쓰는 말입니다.

운동장에 새로 생긴 축구 골대 봤어? 진짜 멋지더라.

어어, 완전 상전벽해였어. 다른 학교인 줄 알았지 뭐야.

에휴~ 신입생들은 정말 좋겠다. 우리 때는 그런 거 없었잖아.

풉. 우리 아직 2학년이거든. ㅋㅋ

정답과 해설 121쪽

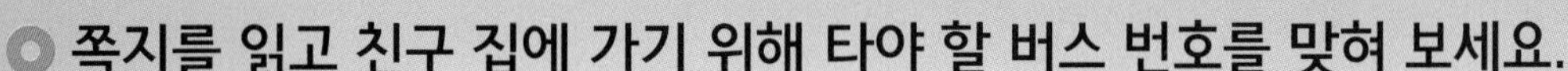

안녕? 친구야! 우리 집에 올 때 타야 할 버스 번호가 궁금하지?
아래 뜻풀이에 해당하는 어휘를 1~0이 적힌 카드에서 찾아봐.
카드의 숫자를 순서대로 나열하면 버스 번호를 알 수 있을 거야.
10분 뒤에 버스가 도착할 예정이야.
시간이 얼마 남지 않았으니 서둘러! 그럼 이따가 우리 집에서 보자~^^

첫 번째 번호	다른 나라를 이르는 말.
두 번째 번호	하늘과 땅 사이의 빈 곳.
세 번째 번호	삼차원의 공간에서 여러 개의 평면이나 곡면으로 둘러싸인 물체.
네 번째 번호	사람의 힘이 더해지지 않고 저절로 이루어지는 존재나 상태 또는 환경.

1	2	3	4	5
자연 (自然)	해외 (海外)	기분 (氣分)	일기 (日氣)	입체 (立體)

6	7	8	9	0
인기 (人氣)	공중 (空中)	자립심 (自立心)	공책 (空冊)	해물 (海物)

편안할 안(安)

'宀(집 면)'과 '女(여자 녀)'를 합한 글자입니다. 집 안에 여자가 편하게 있는 모습에서 '편안하다'를 뜻하고 '안'이라고 읽습니다.

◎ 오늘 배울 한자를 색칠해 보세요.

安

영상으로 필순 보기

丶 丶 宀 宀 宊 安

'편안할 안(安)'이 들어간 어휘

정답과 해설 122쪽

[1~4] 두 개의 뜻 중에서 어휘의 알맞은 뜻을 찾아 ✓표를 하세요.

봄

안전
편안할 安 온전할 全

1 □ 눈으로 볼 수 있는 가까운 곳.
☑ 위험이 생기거나 사고가 날 염려가 없음. 또는 그런 상태.

집에서 안전하게 생활하려면 어떻게 해야 할까요?

사회

안부
편안할 安 아닐 否

2 □ 처음 만나는 사람끼리 서로 자기 이름을 밝히는 일.
□ 편안하게 잘 지내고 있는지 그렇지 않은지에 대한 소식.

안부나 소식 등을 적어 우편으로 보냅니다.

국어

불안
아닐 不 편안할 安

3 □ 마음이 편하지 않고 조마조마함.
□ 편하고 걱정 없이 좋음.

유나는 겉으로는 괜찮은 척했지만 마음속으로는 겁이 나고 탈이 날까 불안했다.

음악

안정
편안할 安 정할 定

4 □ 여럿 중에 편리한 것을 선택함.
□ 바뀌어 달라지지 않고 일정한 상태를 유지함.

리코더를 연주할 때 구멍에 틈이 없어야 안정된 소리를 낼 수 있습니다.

1 설명에 알맞은 어휘를 보기에서 골라 쓰세요.

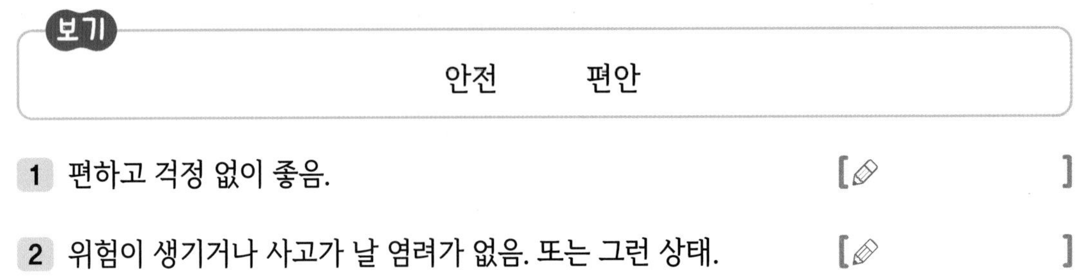

1 편하고 걱정 없이 좋음. [ ]

2 위험이 생기거나 사고가 날 염려가 없음. 또는 그런 상태. [ ]

2 밑줄 친 글자가 '편안할 안(安)'으로 쓰인 어휘에 ✓표를 하세요.

3 '불안'과 뜻이 비슷한 어휘에 ○표를 하세요.

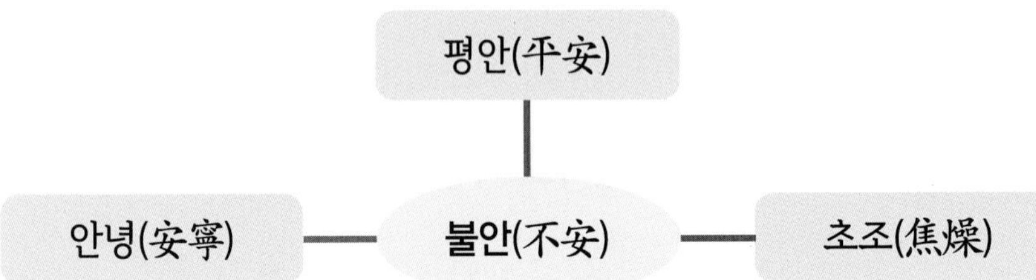

4 '안(安)' 자를 넣어, 빈칸에 공통으로 들어갈 어휘를 쓰세요.

- 조금씩 흔들리던 기둥이 [ㅇㅈ]을 잃고 쓰러졌습니다.
- 하늘을 빙빙 돌던 종이비행기가 [ㅇㅈ]감 있게 착지했습니다.

[ ]

글 쓰며 표현力 높여요

정답과 해설 122쪽

‘편안할 안(安)’이 들어가는 어휘를 넣어서 글을 써 보세요.

룰루랄라 콧노래를 부르며 친구를 만나러 가는 즐거운 길입니다. 아! 그런데 찻길 바로 옆에서 공을 가지고 노는 동생을 보고 말았어요. 위험하게 노는 동생에게 어떤 말을 해 주어야 할까요?

도움말 안전, 불안, 안심, 안도 등에 ‘편안할 안(安)’이 들어가요.

예 찻길로 공이 굴러가면 위험한 상황이 벌어질 수 있어. 네가 공놀이를 안전한 곳에서 해야 나도 안심하고 친구를 만나러 갈 수 있을 것 같아.

따라 쓰며 한자力 완성해요

安	安		
편안할 안	편안할 안		

오늘의 학습을 평가해 보아요. 부족함 보통임 잘함

온전할 전(全)

상처가 나거나 흠이 없이 원래의 모습 그대로 '온전함'을 뜻하는 글자입니다. '온전하다', '완전하다', '온통', '전부' 등을 뜻하고, '전'이라고 읽습니다.

오늘 배울 한자를 색칠해 보세요.

영상으로 필순 보기

丿 人 𠆢 仝 仝 全

'온전할 전(全)'이 들어간 어휘

정답과 해설 123쪽

[1~4] 예문을 보고, 어휘의 뜻으로 알맞은 말을 골라 ✓표를 하세요.

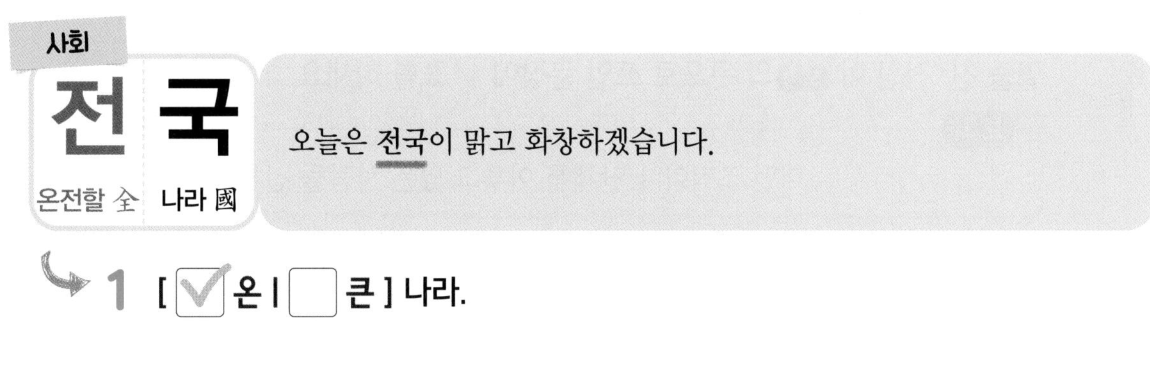

사회

전국

온전할 全 나라 國

오늘은 전국이 맑고 화창하겠습니다.

1 [☑ 온 | ☐ 큰] 나라.

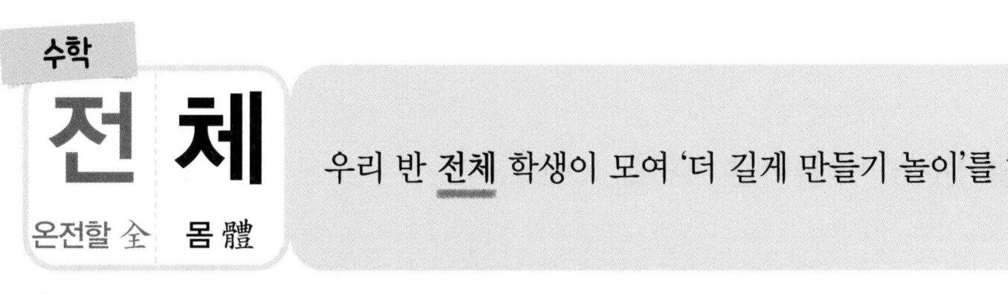

수학

전체

온전할 全 몸 體

우리 반 전체 학생이 모여 '더 길게 만들기 놀이'를 해 봅시다.

2 어떤 것의 [☐ 모든 | ☐ 나눈] 부분.

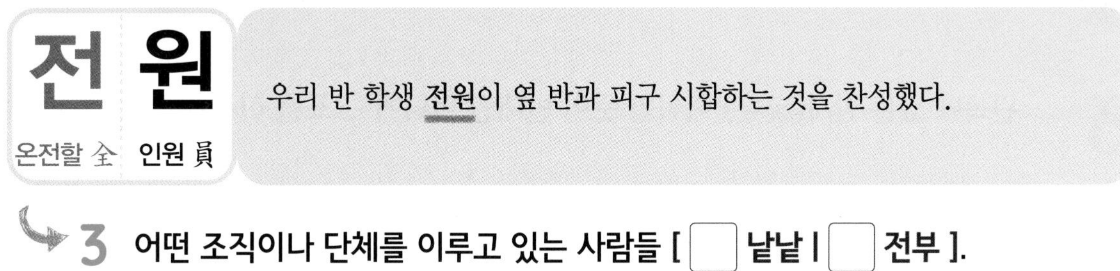

전원

온전할 全 인원 員

우리 반 학생 전원이 옆 반과 피구 시합하는 것을 찬성했다.

3 어떤 조직이나 단체를 이루고 있는 사람들 [☐ 낱낱 | ☐ 전부].

국어

완전

완전할 完 온전할 全

이름도 쓰임새도 모두 다르지만 다섯 손가락은 함께일 때 완전한 힘을 지닙니다.

4 필요한 것이 [☐ 모두 | ☐ 조금] 갖추어져 모자람이나 흠이 없음.

문제로 어휘力 높여요

1 밑줄 친 '전원'이 보기의 뜻으로 쓰인 문장에 ✓표를 하세요.

보기

어떤 조직이나 단체를 이루고 있는 사람들 전부.

☐ 연극을 보기 전에 전자 기기의 전원을 꺼 주세요.
☐ 도시로 온 시골 쥐는 곧 전원생활이 그리워졌습니다.
☐ 이번 대상 수상작은 심사원 전원이 높은 점수를 주었습니다.

2 빈칸에 '온전할 전(全)'이 들어간 어휘를 쓰세요.

세상에 [ㅇㅈ]한 사람은 없어요. 그러니 서로 도우며 살아야 해요.

필요한 것이 모두 갖추어져 모자람이나 흠이 없음.

[✎]

3 왼쪽에 있는 한자(漢字) 어휘와 뜻이 반대인 어휘에 ○표를 하세요.

전체(全體) | 부분 | 모두 | 온통

4 밑줄 친 곳에 '전국(全國)'을 쓰기에 어색한 문장의 기호를 쓰세요.

㉠ 오늘은 ________에 걸쳐 눈이 내리겠습니다.
㉡ 오랜 가뭄으로 인해 마을 ________이 황폐해졌습니다.
㉢ 삼촌은 이번 여행에서 ________을 다 돌아볼 계획을 세우셨습니다.

[✎]

글 쓰며 표현力 높여요

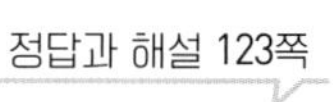

'온전할 전(全)'이 들어가는 어휘를 넣어서 글을 써 보세요.

곧 즐거운 방학이 다가옵니다! 이번 방학에 여행을 떠날 계획을 세워 볼까요? 여행 기간과 방법 등을 생각해 보고, 내가 꿈꾸는 여행 방식을 이야기해 보세요.

전국, 전체, 전원, 완전 등에 '온전할 전(全)'이 들어가요.

예 저는 자동차를 타고 전국을 돌아다니며 야영을 하고 싶어요. 우리 가족 전원이 함께 야외에서 별을 바라보며 잠든다고 생각하니 설레요.

따라 쓰며 한자力 완성해요

오늘의 학습을 평가해 보아요. 부족함 보통임 잘함

살 활(活)

'氵(水, 물 수)'와 '舌(혀 설)'을 합한 글자로, 물이 둑을 부수고 힘차게 흐르는 것을 의미했습니다. 지금은 그 의미가 달라져 '살다'를 뜻하고 '활'이라고 읽습니다.

◎ 오늘 배울 한자를 순서대로 그려 보세요.

1 2 3 4 5 6 7 8 9

영상으로 필순 보기

丶 冫 氵 氵 氵 汗 汗 活 活

'살 활(活)'이 들어간 어휘

정답과 해설 124쪽

[1~4] 두 개의 뜻 중에서 어휘의 알맞은 뜻을 찾아 ✓표를 하세요.

국어

활동
살 活 움직일 動

1 ☐ 좋아하여 재미로 즐김.
☑ 어떤 목적을 위하여 열심히 움직임.

이번 시간에는 바른 말 사용에 대한 알림 <u>활동</u>을 할 거예요.

안전한 생활

활약
살 活 뛸 躍

2 ☐ 기운차고 두드러지게 움직임.
☐ 마음이 아주 너그럽고 자유로움.

여러분의 멋진 <u>활약</u>은 따뜻한 우리 동네를 만드는 데 도움이 될 거예요.

실과

활력
살 活 힘 力

3 ☐ 살아 움직이는 힘.
☐ 오랫동안 버티며 견디는 힘.

올바른 간식을 선택해서 먹으면 생활에 즐거움과 <u>활력</u>을 줄 수 있습니다.

국어

재활용
다시 再 살 活 쓸 用

4 ☐ 한 번만 쓰고 버림.
☐ 폐품의 용도를 바꾸거나 가공하여 다시 씀.

쓰레기는 <u>재활용</u>품, 음식물 쓰레기, 일반 쓰레기로 나눠서 버릴 수 있습니다.

문제로 어휘 力 높여요

1 **다음 설명에 알맞은 어휘를 고르세요.**

기운차고 두드러지게 움직임.

① 활용 ② 생활 ③ 활약 ④ 생명 ⑤ 생물

2 **밑줄 친 어휘와 뜻이 비슷한 말에 ✓표를 하세요.**

충분한 휴식은 삶에 활력을 줄 수 있어요.

☐ 활발한 기운 ☐ 생각하는 힘 ☐ 뛰어난 재주

3 **밑줄 친 곳에 들어갈 어휘에 ○표를 하세요.**

동물 보호소에서 유기 동물을 위한 봉사 ________ 참가자를 구합니다.

해동 작동 활동 진동

4 **빈칸에 알맞은 어휘를 보기에서 골라 쓰세요.**

보기

일회용 재활용

환경 오염을 일으키는 1 [ ] 비닐봉지를 앞으로는 2 [ ]이 가능한 종이 가방과 천 가방 등으로 바꿀 예정입니다.

글 쓰며 표현力 높여요

정답과 해설 124쪽

'살 활(活)'이 들어가는 어휘를 넣어서 글을 써 보세요.

휴일 내내 손가락 까딱 않고 누워만 있는 친구가 걱정돼요. 친구에게 함께 운동하자고 이야기를 꺼냈더니 심드렁한 반응을 보이네요. 운동하면 좋은 점을 들어 친구를 설득해 보세요.

도움말 활동, 활력, 생활, 활기 등에 '살 활(活)'이 들어가요.

예 운동을 하면 건강이 좋아지고 생활에 활력이 생겨서 다른 활동도 더 신나게 할 수 있어. 너랑 같이 운동하게 된다면 앞으로 휴일이 더 즐거울 거야.

따라 쓰며 한자力 완성해요

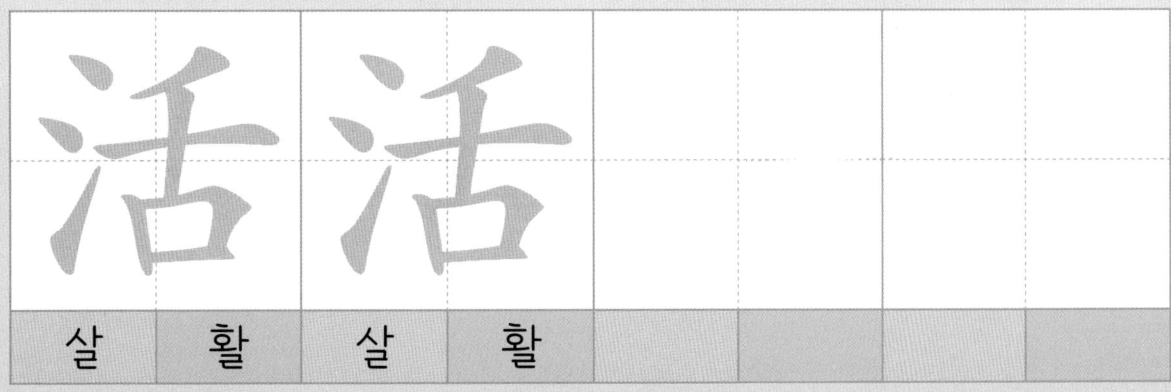

오늘의 학습을 평가해 보아요. 부족함 보통임 잘함

수레 차(車)

짐을 싣거나 사람을 태워 다니던 수레의 모양을 본뜬 것을 세로로 표현한 글자로, '수레'를 뜻하고 '차'라고 읽습니다.

번호 순서대로 점을 이어 오늘 배울 한자를 확인해 보세요.

1 2 3 4 5 6

영상으로 필순 보기

一 ㄏ 冂 冃 曰 亘 車

'수레 차(車)'가 들어간 어휘

정답과 해설 125쪽

[1~4] 예문을 보고, 어휘의 뜻으로 알맞은 말을 골라 ✔표를 하세요.

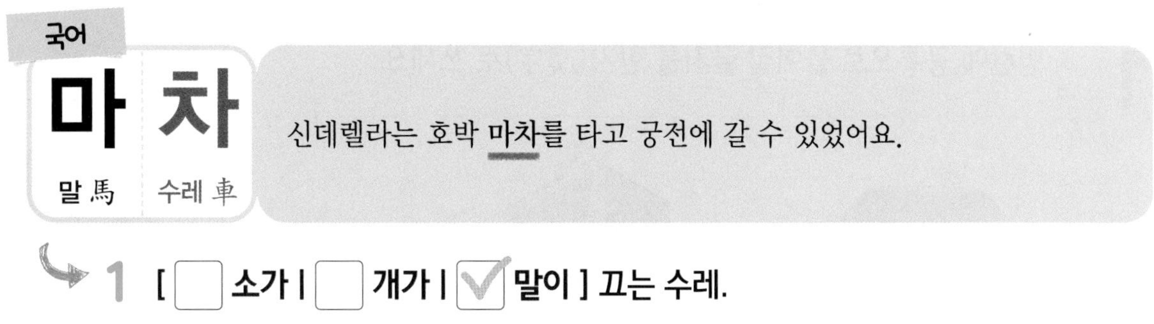

1 [소가 | 개가 | ✔ 말이] 끄는 수레.

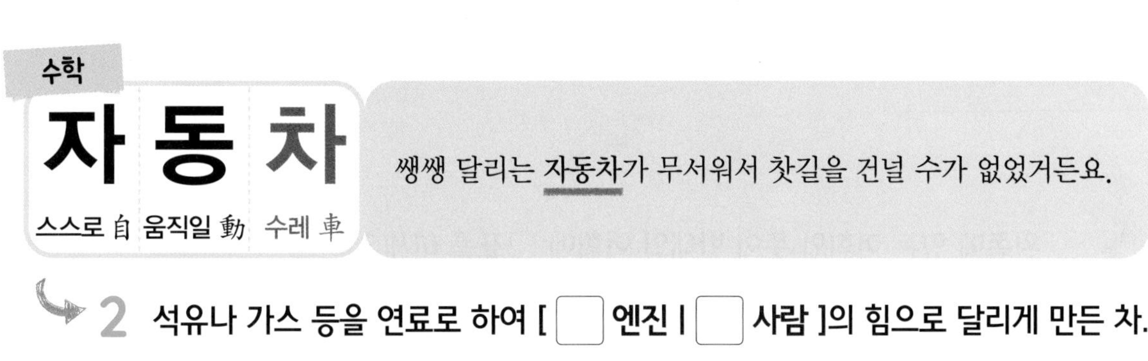

2 석유나 가스 등을 연료로 하여 [엔진 | 사람]의 힘으로 달리게 만든 차.

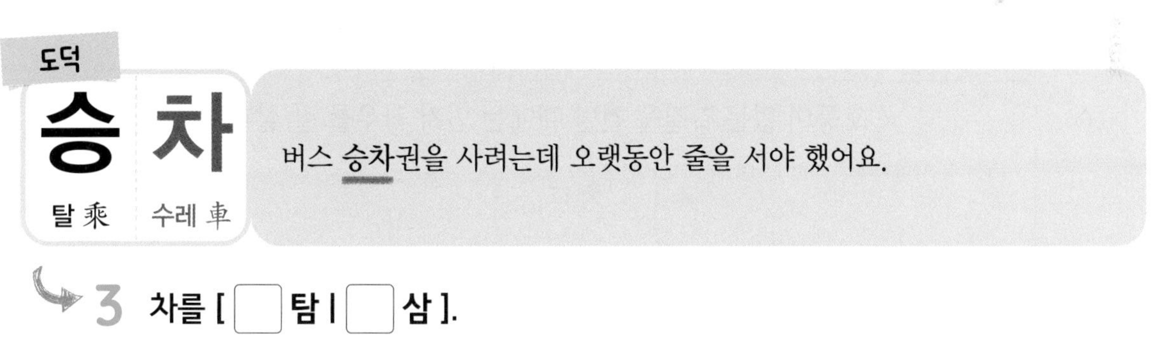

3 차를 [탐 | 삼].

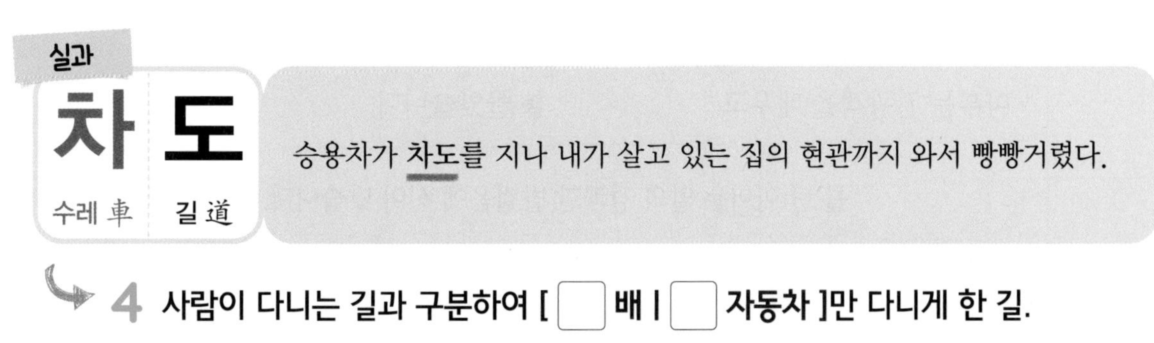

4 사람이 다니는 길과 구분하여 [배 | 자동차]만 다니게 한 길.

문제로 어휘 力 높여요

1 **빈칸에 공통으로 들어갈 글자를 한자(漢字)로 쓰세요.**

자동[ ]

소방[ ]

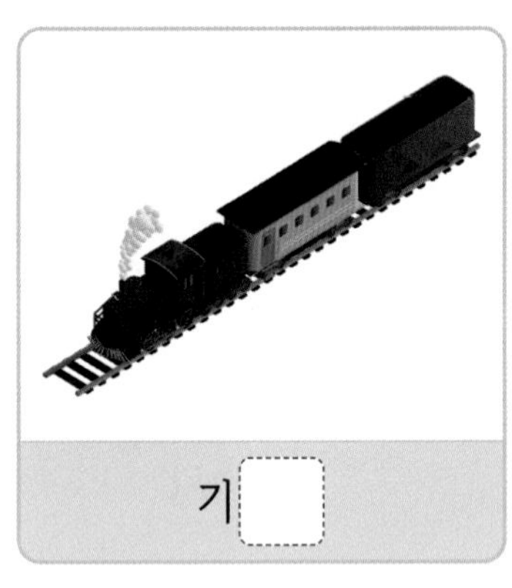
기[ ]

[ ]

2 **왼쪽에 있는 어휘와 뜻이 반대인 어휘에 ○표를 하세요.**

승차(乘車) | 주차(駐車) | 하차(下車) | 정차(停車)

3 **밑줄 친 어휘와 바꾸어 쓸 수 있는 어휘를 '수레 차(車)'를 넣어 쓰세요.**

신호등이 없는 <u>찻길</u>을 건널 때에는 먼저 좌우를 잘 살펴야 해요.

ㅊㄷ

[ ]

4 **'차(車)' 자를 넣어, 빈칸에 공통으로 들어갈 어휘를 한글로 쓰세요.**

- 마부는 관광객을 태우고 [ ]를 몰았습니다.
- [ ]를 탄 아이는 말의 경쾌한 발걸음에 신이 났습니다.

[ ]

글 쓰며 표현力 높여요

정답과 해설 125쪽

‘수레 차(車)’가 들어가는 어휘를 넣어서 글을 써 보세요.

“차 조심!” 어른들이 항상 하시는 표현이죠? 우리가 안전하게 살아가려면 교통안전 규칙을 꼭 지켜야 하기 때문이에요. 생활 속에서 지켜야 할 나의 교통안전 수칙 세 가지를 써 보세요.

자동차, 승차, 차도, 하차 등에 ‘수레 차(車)’가 들어가요.

예 첫째, 자동차가 다니는 좁은 도로에서는 뛰어다니지 않습니다. 둘째, 버스에서 하차할 때 좌우를 먼저 잘 살핍니다. 셋째, 차도에서 장난을 치지 않습니다.

따라 쓰며 한자力 완성해요

오늘의 학습을 평가해 보아요. 부족함 보통임 잘함

길 도(道)

'辶(쉬엄쉬엄 갈 착)'과 '首(머리 수)'를 합하여 '사람이 다니는 길'을 표현한 글자입니다.
'길', '방법', '도리' 등을 뜻하고 '도'라고 읽습니다.

오늘 배울 한자를 그림 속에서 찾아보세요.

영상으로 필순 보기

丷 䒑 䒑 丷 产 产 首 首 首 首 道 道 道

'길 도(道)'가 들어간 어휘

정답과 해설 126쪽

[1~4] 두 개의 뜻 중에서 어휘의 알맞은 뜻을 찾아 ✓표를 하세요.

국어

도로
길 道 길 路

1 ☐ 건물 안의 긴 통로.
☑ 사람과 차가 다닐 수 있는 큰길.

우리 학교 앞 도로에 잘 보이지 않는 부분까지 볼 수 있도록 하는 거울이 있다.

체육

인도
사람 人 길 道

2 ☐ 길이나 장소를 안내함.
☐ 사람이 걸어 다니게 따로 갈라놓은 길.

인도를 걸어 다닐 때 휴대 전화를 사용하지 않아야 해요.

체육

식도
밥 食 길 道

3 ☐ 음식을 만들 때 쓰는 칼.
☐ 음식물이 지나가는, 목구멍과 위 사이에 있는 긴 관.

술을 마시는 것은 식도암, 간암, 대장암 등을 일으키는 원인이 됩니다.

국어

횡단보도
가로 橫 끊을 斷 걸음 步 길 道

4 ☐ 번잡한 도로나 철로 위에 공중으로 건너질러 놓은 다리.
☐ 사람이 안전하게 찻길을 가로질러 건널 수 있도록 일정한 표시를 한 길.

이따 3시에 학교 가는 길에 있는 횡단보도 앞에서 만나자.

문제로 어휘力 높여요

1 밑줄 친 어휘의 뜻을 지닌 한자에 ○표를 하세요.

나그네는 숲속에서 길을 잃고 한참을 헤맸다.

全 | 車 | 道 | 活

2 밑줄 친 어휘와 바꾸어 쓸 수 있는 어휘에 선을 이으세요.

1 건널목을 건널 때에는 반드시 좌우를 살펴야 한다. • • ㉠ 인도

2 버스가 보행로로 달려오는 바람에 사람들이 깜짝 놀라 피했다. • • ㉡ 횡단보도

3 빈칸에 '길 도(道)'가 들어가는 어휘를 쓰세요.

ㅅㄷ 는 우리가 먹은 음식물이 위까지 잘 전달되는 데 굉장히 중요한 역할을 하는 기관입니다.

[ ]

4 왼쪽에 있는 한자(漢字)가 쓰인 어휘에 ✓표를 하세요.

道

- ☐ 큰 도시
- ☐ 복잡한 도로
- ☐ 여러 가지 도형

글 쓰며 표현力 높여요

정답과 해설 126쪽

'길 도(道)'가 들어가는 어휘를 넣어서 글을 써 보세요.

여러분은 어떤 도시에서 살고 싶나요? 만일 자신이 도시 환경 설계자라면 어떤 도시를 만들고 싶은지 자유롭게 이야기해 볼까요?

도로, 인도, 횡단보도, 철도 등에 '길 도(道)'가 들어가요.

예 저는 편안하고 안전한 도시에서 살고 싶어요. 그래서 제가 도시 환경 설계자라면 인도에는 사람들이 쉬어 갈 수 있는 의자를 곳곳에 놓고, 도로에는 눈에 잘 띄는 횡단보도를 설치할 거예요.

따라 쓰며 한자力 완성해요

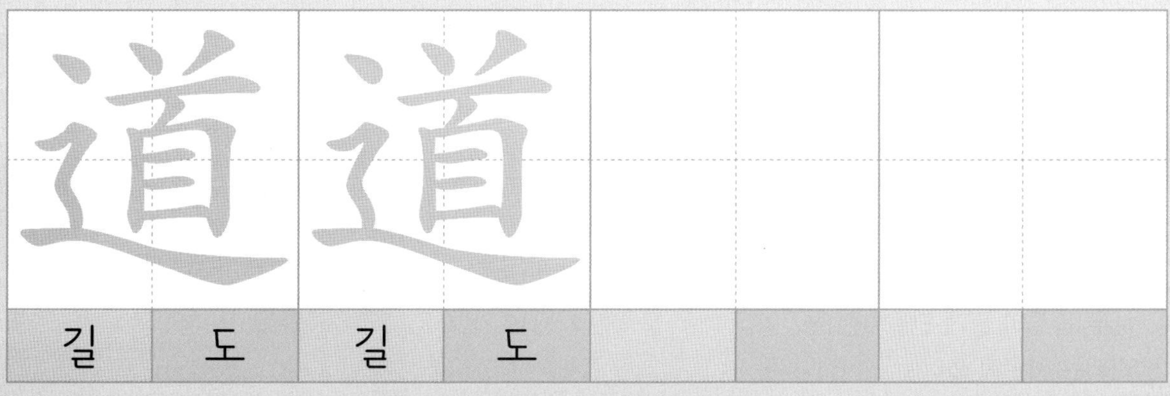

오늘의 학습을 평가해 보아요. 부족함 보통임 잘함

16~20 독해로 마무리해요

정답과 해설 127쪽

1~2 다음 글을 읽고, 물음에 답하세요.

안녕하세요. (㉠) 저희 샛별 모둠에서는 학교 주변에서 일어나는 교통사고의 원인을 조사하고, 그 내용을 바탕으로 우리 학교 학생 전원(全員)이 안전(安全)을 위해 지켜야 할 활동(活動)을 정리해 보았습니다. (㉡) 학교 주변에서 일어나는 교통사고의 원인에는 버스에서 내릴 때 뛰어내리는 경우, 자동차(自動車)에 옷이 끼여 넘어져 다치는 경우, 학교 뒷길 차도(車道)에서 공놀이를 하는 경우, 횡단보도(橫斷步道)를 건널 때 초록색 신호등이 켜지자마자 건너는 경우 등이 있었습니다. (㉢) 우리가 스스로의 안전을 위해 조금만 주의한다면 교통사고를 예방할 수 있을 것입니다.

1 이 글의 핵심 어휘로 가장 알맞은 것을 고르세요.

① 학교 ② 안전 ③ 인도 ④ 공놀이 ⑤ 신호등

2 ㉠~㉢ 중, 보기의 내용이 들어갈 위치로 알맞은 곳의 기호를 쓰세요.

보기

교통사고를 막기 위해 지켜야 할 활동

[ ]

완 전 무 결

완전할 完 온전할 全 없을 無 이지러질 缺

'충분히 갖추어져 있어 아무런 결점이 없음.'을 뜻합니다. 매우 품질이 좋게 만들어진 물건이나 매우 훌륭한 사람을 가리키는 경우에 쓰이는 표현입니다.

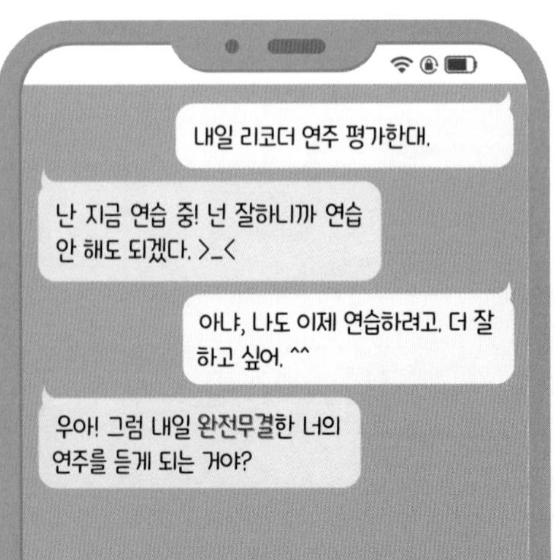

정답과 해설 127쪽

뜻풀이와 초성을 단서로 어휘를 완성하며 징검다리를 건너 보세요.

사람과 차가 다닐 수 있는 큰길.
ㄷ ㄹ (道路)

어떤 것의 모든 부분.
ㅈ ㅊ (全體)

폐품의 용도를 바꾸거나 가공하여 다시 씀.
ㅈ ㅎ ㅇ (再活用)

위험이 생기거나 사고가 날 염려가 없음.
ㅇ ㅈ (安全)

사람이 다니는 길과 구분하여 자동차만 다니게 한 길.
ㅊ ㄷ (車道)

급수 시험 맛보기

1 한자의 뜻과 음으로 알맞은 것을 고르세요.

1 立 ① 설 립 ② 기운 기 ③ 들어갈 입 ④ 평평할 평

2 名 ① 돌 석 ② 달 월 ③ 이름 명 ④ 밝을 명

2 뜻과 음에 알맞은 한자를 고르세요.

1 바다 해 ① 水 ② 每 ③ 洋 ④ 海

2 편안할 안 ① 女 ② 安 ③ 家 ④ 室

3 어휘를 바르게 읽은 것을 고르세요.

1 活力 ① 활동 ② 활력 ③ 능력 ④ 체력

2 秋夕 ① 추억 ② 추월 ③ 추석 ④ 해석

4 어휘의 뜻으로 알맞은 것을 고르세요.

1 冬季

① 봄의 시기. ② 여름의 시기. ③ 가을의 시기. ④ 겨울의 시기.

2 日氣

① 날마다 반복되는 생활.

② 그날그날의 있었던 일을 적는 글의 종류.

③ 마음에 절로 생기는 유쾌함, 불쾌함 등의 감정.

④ 그날그날의 비, 구름 등이 나타나는 기상 상태.

정답과 해설 128쪽

5 **밑줄 친 어휘를 바르게 읽은 것을 고르세요.**

1 모든 손님들이 버스에 <u>乘車</u>했다.

① 승차 ② 승선 ③ 하차 ④ 마차

2 오늘은 내 친구 현영이의 생일인데, 어떤 <u>膳物</u>을 주는 게 좋을까?

① 선택 ② 선물 ③ 동물 ④ 인물

6 **밑줄 친 어휘를 한자로 바르게 쓴 것을 고르세요**

우리 각자 제일 좋아하는 <u>간식</u>을 가져와서 서로 나누어 먹는 건 어때?

① 間食 ② 穀食 ③ 偏食 ④ 食口

7 **다음 한자와 음이 같은 한자를 고르세요.**

1 前 ① 月 ② 全 ③ 老 ④ 道

2 自 ① 子 ② 音 ③ 王 ④ 目

8 **野外와 뜻이 반대인 어휘를 고르세요.**

① 內外 ② 室外 ③ 室內 ④ 外出

9 **빈칸에 공통으로 들어갈 한자를 고르세요.**

□冊 □間 □中

① 工 ② 空 ③ 左 ④ 巨

정답과 해설

정답
QR 코드

완자

공부력 가이드

완자 공부력 시리즈는
앞으로도 계속 출간될 예정입니다.

완자 공부력 시리즈로 공부 근육을 키워요!

매일 성장하는
초등 자기개발서
완자
공부력

학습의 기초가 되는 읽기, 쓰기, 셈하기와 관련된 공부력을 키워야 여러 교과를 터득하기 쉬워집니다. 또한 어휘력과 독해력, 쓰기력, 계산력을 바탕으로 한 '공부력'은 자기주도 학습으로 상당한 단계까지 올라갈 수 있는 밑바탕이 되어 줍니다. 그래서 매일 꾸준한 학습이 가능한 **'완자 공부력 시리즈'**로 공부하면 **자기주도학습이 가능한 튼튼한 공부 근육**을 키울 수 있을 것이라 확신합니다.

효과적인 공부력 강화 계획을 세워요!

학년별 공부 계획

내 학년에 맞게 꾸준하게 공부 계획을 세워요!

		1-2학년	3-4학년	5-6학년
기본	독해	국어 독해 1A 1B 2A 2B	국어 독해 3A 3B 4A 4B	국어 독해 5A 5B 6A 6B
	계산	수학 계산 1A 1B 2A 2B	수학 계산 3A 3B 4A 4B	수학 계산 5A 5B 6A 6B
	어휘	전과목 어휘 1A 1B 2A 2B	전과목 어휘 3A 3B 4A 4B	전과목 어휘 5A 5B 6A 6B
		파닉스 1 2	영단어 3A 3B 4A 4B	영단어 5A 5B 6A 6B
확장	어휘	전과목 한자 어휘 1A 1B 2A 2B	전과목 한자 어휘 3A 3B 4A 4B	전과목 한자 어휘 5A 5B 6A 6B
	쓰기	맞춤법 바로 쓰기 1A 1B 2A 2B		
	독해		한국사 독해 인물편 1 2 3 4	
			한국사 독해 시대편 1 2 3 4	

시기별 공부 계획

학기 중에는 **기본**, 방학 중에는 **기본 + 확장**으로 공부 계획을 세워요!

방학 중			
학기 중			
기본			확장
독해	계산	어휘	어휘, 쓰기, 독해
국어 독해	수학 계산	전과목 어휘	전과목 한자 어휘
		파닉스(1~2학년) 영단어(3~6학년)	맞춤법 바로 쓰기(1~2학년) 한국사 독해(3~6학년)

예시 **초1 학기 중 공부 계획표** 주 5일 하루 3과목 (45분)

월	화	수	목	금
국어 독해	국어 독해	국어 독해	국어 독해	국어 독해
수학 계산	수학 계산	수학 계산	수학 계산	수학 계산
전과목 어휘	파닉스	전과목 어휘	전과목 어휘	파닉스

예시 **초4 방학 중 공부 계획표** 주 5일 하루 4과목 (60분)

월	화	수	목	금
국어 독해	국어 독해	국어 독해	국어 독해	국어 독해
수학 계산	수학 계산	수학 계산	수학 계산	수학 계산
전과목 어휘	영단어	전과목 어휘	전과목 어휘	영단어
한국사 독해 인물편	전과목 한자 어휘	한국사 독해 인물편	전과목 한자 어휘	한국사 독해 인물편

01 가을 추(秋)

‘가을 추(秋)’가 들어간 어휘

본문 9쪽

1 입추(立秋)	24절기의 하나. 가을이 [☑ 시작됨 I ☐ 마무리됨]을 알리는 절기.
2 추석(秋夕)	우리나라 명절의 하나. 음력 [☐ 5월 I ☑ 8월] 보름날로, 햅쌀로 [☑ 떡 I ☐ 빵]을 만들고 햇과일로 음식을 장만하여 차례를 지냄.
3 추수(秋收)	가을에 익은 곡식을 [☐ 내다 팖 I ☑ 거두어들임].
4 춘하추동(春夏秋冬)	[☑ 봄 · 여름 · 가을 · 겨울 I ☐ 동 · 서 · 남 · 북], 네 [☑ 계절 I ☐ 방향]을 이르는 말.

문제로 어휘力 높여요

본문 10쪽

1 거두어들이다

‘추수(秋收)’는 ‘가을에 익은 곡식을 거두어들임.’이라는 뜻이므로, ‘거두어들이다’와 뜻이 비슷하다.

2 입추

제시된 문장의 빈칸에는 모두 ‘가을이 시작되는 시기’와 관련한 어휘가 쓰여야 한다. 그러므로 ‘24절기의 하나로, 가을이 시작됨을 알리는 절기.’를 뜻하는 ‘입추(立秋)’가 들어가는 것이 적절하다.

3 ②

‘봄·여름·가을·겨울, 네 계절을 이르는 말.’은 ‘춘하추동(春夏秋冬)’이고, ‘우리나라 명절의 하나. 음력 8월 보름날.’을 뜻하는 어휘는 ‘추석(秋夕)’이다. 그러므로 빈칸에는 ‘추’ 자가 들어가야 한다.

4 춘추(春秋)

‘춘추(春秋)’란 ‘봄과 가을.’이라는 뜻을 지닌 어휘로, 어른의 나이를 높여 이를 때에도 쓰인다. ‘추풍(秋風)’은 ‘가을에 부는 선선하고 서늘한 바람.’을 가리키는 어휘이다.

글 쓰며 표현力 높여요

본문 11쪽

예시 전 춘하추동의 아름다운 경치를 사진으로 남기는 것을 좋아해요. 그래서 이번 가을에는 추수 전 황금빛 벼가 물결처럼 흔들리는 장면을 촬영하러 가고 싶습니다.

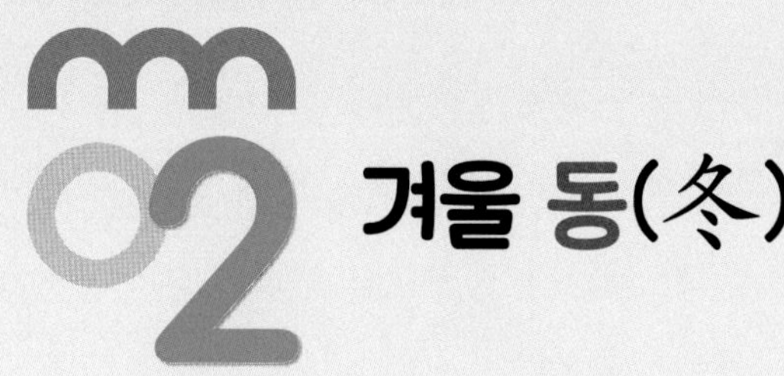

겨울 동(冬)

‘겨울 동(冬)’이 들어간 어휘

본문 13쪽

1	동계(冬季)	[☐ 봄 | ☐ 여름 | ☐ 가을 | ☑ 겨울]의 시기.
2	동지(冬至)	24절기의 하나. 일 년 중 [☐ 낮 | ☑ 밤]이 가장 긴 날.
3	동면(冬眠)	동물이 활동을 멈추고 땅속 같은 곳에서 [☐ 여름 | ☑ 겨울]을 보내는 일.
4	엄동설한(嚴冬雪寒)	눈 내리는 깊은 겨울의 심한 [☑ 추위 | ☐ 더위].

문제로 어휘力 높여요

본문 14쪽

1 동계

올림픽이 겨울에 열린다는 내용으로 보아, 빈칸에는 ‘겨울의 시기.’를 뜻하는 ‘동계(冬季)’가 들어가는 것이 알맞다.

2 매서운 추위

‘엄동설한(嚴冬雪寒)’은 ‘눈 내리는 깊은 겨울의 심한 추위.’라는 뜻을 지닌 어휘이다.

3 1 동면 2 동복

1 곰이 겨울을 나기 위해 겨울잠을 준비한다는 내용의 문장이므로, 빈칸에는 ‘동물이 활동을 멈추고 땅속 같은 곳에서 겨울을 보내는 일.’을 의미하는 ‘동면(冬眠)’이 알맞다.

2 추운 날씨에 대비하기 위해 두꺼운 옷을 꺼내 놓는다는 내용의 문장이므로, 빈칸에는 ‘겨울철에 입는 옷.’을 의미하는 ‘동복(冬服)’이 알맞다.

4 동지

역귀를 쫓기 위해 팥죽을 먹는 것은 24절기 중 ‘동지’의 대표적인 풍습이다.

글 쓰며 표현力 높여요

본문 15쪽

예시 나는 가족들과 함께 월동 준비를 하는 장면이 가장 먼저 떠올라. 동복을 꺼내 정리해 놓고, 김장도 하고 바쁘게 움직이다 보면 엄동설한도 두렵지 않아.

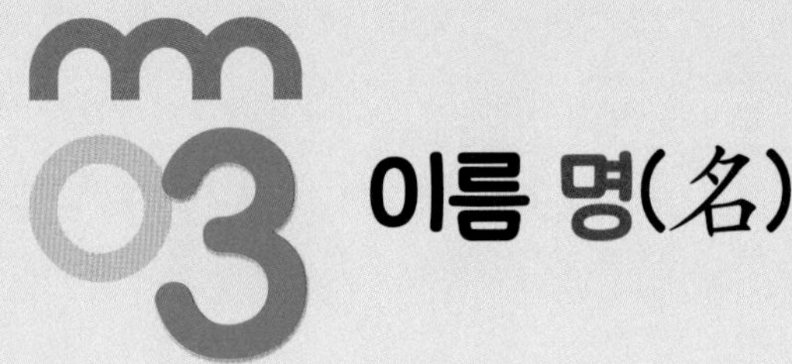

03 이름 명(名)

'이름 명(名)'이 들어간 어휘

본문 17쪽

1 **지명(地名)**
- ☐ 오래된 옛 이름.
- ☑ 마을이나 지방, 지역 등의 이름.

2 **유명(有名)**
- ☑ 이름이 널리 알려져 있음.
- ☐ 이름이 없거나 이름을 알 수 없음.

3 **별명(別名)**
- ☐ 다른 사람을 높여 부르는 이름.
- ☑ 외모나 성격 등과 관련하여 지어 부르는 이름.

4 **명언(名言)**
- ☐ 아무 근거 없이 널리 퍼진 말.
- ☑ 내용이 훌륭하고 표현이 뛰어나 널리 알려진 말.

문제로 어휘力 높여요

본문 18쪽

1 ②

'내용이 훌륭하고 표현이 뛰어나 널리 알려진 말.'을 뜻하는 어휘는 '명언(名言)'이다. ① '익명(匿名)'은 '이름을 숨김. 또는 숨긴 이름이나 그 대신 쓰는 이름.'을, ③ '명예(名譽)'는 '세상에서 훌륭하다고 인정되는 이름이나 자랑. 또는 그런 존엄이나 품위.'를, ④ '명물(名物)'은 '어떤 지방의 이름난 사물.'을, ⑤ '누명(陋名)'은 '사실이 아닌 일로 이름을 더럽히는 억울한 평판.'을 뜻한다.

2 명(名)

두 어휘는 모두 '이름'이라는 공통된 의미를 가지고 있으므로 빈칸에는 이름을 뜻하는 '명(名)' 자가 들어가는 것이 알맞다. 이 '명(名)' 자가 '있거나 존재함.'을 뜻하는 글자인 '유(有)'와 합했을 때와, '없거나 존재하지 않는 상태.'를 뜻하는 글자인 '무(無)'와 합했을 때 그 뜻이 반대가 된다.

3 지명

이 문장은 지역의 이름으로 선조들의 생활 모습을 알 수 있다는 내용이므로, 빈칸에는 마을이나 지방, 지역 등의 이름을 나타내는 '지명(地名)'이 알맞다.

4 1 별명 2 성명

글 쓰며 표현力 높여요

본문 19쪽

예시 제가 사는 곳은 '장승배기'입니다. 이 지명은 마을 입구에 장승이 세워져 있던 데서 유래되었다고 합니다. 장승배기는 먹을거리가 많은 곳으로 유명합니다. 맛있는 음식점이 많아 여기저기 찾아다녔더니 저에게 '먹고래'라는 별명도 생겼습니다. 우리 지역에 놀러 오시면 제가 맛있는 식당을 자신 있게 추천해 드리겠습니다.

먹을/밥 식(食)

‘먹을/밥 식(食)’이 들어간 어휘

본문 21쪽

1	간식(間食)	[☐ 끼니 때 | ☑ 끼니와 끼니 사이]에 음식을 먹음. 또는 그 음식.
2	편식(偏食)	어떤 특정한 음식만을 [☑ 가려서 즐겨 | ☐ 나누어 함께] 먹음.
3	곡식(穀食)	사람의 [☑ 식량 | ☐ 지식]이 되는 쌀, 보리, 콩 등을 통틀어 이르는 말.
4	식용유(食用油)	음식을 만드는 데 사용하는 [☐ 물 | ☑ 기름].

문제로 어휘力 높여요

본문 22쪽

1 간식

2 입학식

‘음식’은 사람이 먹고 마실 수 있도록 만든 모든 것을 이르는 말이고, ‘식용유’는 음식을 만드는 데 사용하는 기름을 이르는 말이므로, 두 어휘에 모두 ‘먹다/밥’을 뜻하는 한자 ‘식(食)’이 쓰였음을 짐작할 수 있다. ‘입학식’은 입학할 때 신입생을 모아 놓고 학교에서 하는 행사를 의미하며, ‘법, 제도, 의식.’ 등을 뜻하는 한자 ‘식(式)’이 쓰였다.

3 ㉠

‘편식(偏食)’은 ‘어떤 특정한 음식만을 가려서 즐겨 먹음.’이라는 뜻을 지닌 어휘이다. ‘편식이 맛있다.’라고 하면 어색하므로, ㉠에는 ‘음식’과 같은 어휘가 들어가는 것이 적절하다.

4 곡식

문맥상 두 문장의 빈칸에는 사람의 식량이 되는 쌀, 보리, 콩 등을 통틀어 이르는 말인 ‘곡식’이 들어가는 것이 알맞다.

글 쓰며 표현力 높여요

본문 23쪽

예시 저는 분식점에 자주 가는 친구와 먹을 떡볶이를 준비할래요. 제 친구는 식용유에 떡을 볶은 기름 떡볶이를 가장 좋아해요. 친구의 입맛을 잘 알고 있으니, 떡볶이를 맛있게 만들 수 있을 것 같아요.

05 물건 물(物)

'물건 물(物)'이 들어간 어휘

본문 25쪽

1 **물건(物件)**
- ☑ 일정한 형태를 갖춘 모든 것.
- ☐ 일정한 형태가 없는 모든 것.

2 **선물(膳物)**
- ☐ 일이 끝나기 전에 미리 돈을 치름.
- ☑ 인사나 정을 나타내는 뜻으로 물건을 줌. 또는 그 물건.

3 **박물관(博物館)**
- ☐ 물건의 가치를 매겨 판매하는 시설.
- ☑ 다양한 물건을 보관하고 전시하는 시설.

4 **준비물(準備物)**
- ☑ 미리 마련하여 갖추어 놓는 물건.
- ☐ 부족한 부분을 보태어 채워 놓는 물건.

문제로 어휘力 높여요

본문 26쪽

1 ④

'物(물)'은 '물건'을 뜻하는 한자이다. ①은 '이름 명', ②는 '가을 추', ③은 '집 실', ⑤는 '먹을 식' 자이다.

2 스케치북과 물감이야.

제시된 질문은 미술 시간에 미리 마련하여 갖추어 놓아야 할 물건에는 무엇이 있는지 물어보는 내용이므로, '스케치북', '물감' 등과 같이 미술 시간에 필요한 물품을 알려 주는 대답이 적절하다.

3 1 선물　2 보물

4 박물관

공룡에 관한 모든 것을 보관하고 전시하는 곳이므로, 빈칸에 들어갈 어휘로 '박물관(博物館)'이 적절하다.

글 쓰며 표현力 높여요

본문 27쪽

예시 이 물품은 말이죠. 형이 쓰던 물건인데 각도를 잴 때 사용하는 도구입니다. 동생들에게 선물로 줘도 될 정도로 깨끗합니다. 준비물로도 많이 쓰이니 하나쯤 마련해 두면 유용할 거예요.

01~05 독해 / 놀이

독해로 마무리해요

본문 28쪽

1 ②

이 글은 24절기 중, 계절을 알리는 네 가지 절기에 대해 설명하고 있다. 그리고 ㉠ 뒤에 바로 이어지는 문장에서 절기의 뜻을 설명하고 있으므로 ㉠에 들어갈 중심 소재가 '절기'임을 짐작할 수 있다.

2 입동

놀이로 정리해요

본문 29쪽

아래의 뜻풀이에 해당하는 어휘를 찾아 표시해 보세요.

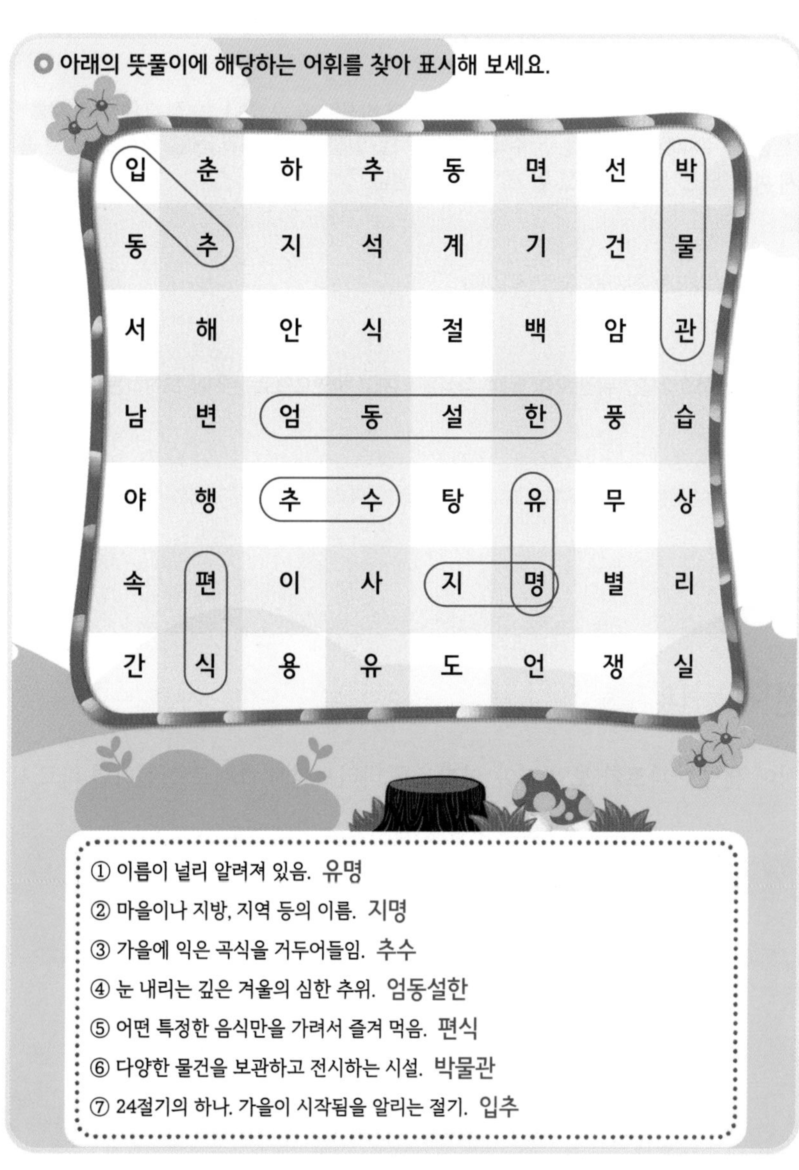

① 이름이 널리 알려져 있음. 유명
② 마을이나 지방, 지역 등의 이름. 지명
③ 가을에 익은 곡식을 거두어들임. 추수
④ 눈 내리는 깊은 겨울의 심한 추위. 엄동설한
⑤ 어떤 특정한 음식만을 가려서 즐겨 먹음. 편식
⑥ 다양한 물건을 보관하고 전시하는 시설. 박물관
⑦ 24절기의 하나. 가을이 시작됨을 알리는 절기. 입추

앞 전(前)

‘앞 전(前)’이 들어간 어휘

본문 31쪽

1 **오전(午前)**
- ☐ 낮 열두 시부터 밤 열두 시까지의 시간.
- ☑ 밤 열두 시부터 낮 열두 시까지의 시간.

2 **전방(前方)**
- ☐ 뒤쪽.
- ☑ 앞쪽.

3 **전진(前進)**
- ☑ 앞으로 나아감.
- ☐ 큰 지진에 앞서 일어나는 작은 지진.

4 **전후좌우(前後左右)**
- ☑ 앞, 뒤, 왼쪽, 오른쪽.
- ☐ 어떤 사물이나 사람을 둘러싸고 있는 것.

문제로 어휘力 높여요

본문 32쪽

1 ③

‘전진(前進)’은 ‘앞으로 나아감.’을 뜻하므로 밑줄 친 부분과 바꾸어 쓸 수 있다. ① 정차(停車: 머무를 정, 수레 차): 차가 멎음. 또는 차를 멈춤. ② 주차(駐車: 머무를 주, 수레 차): 자동차를 일정한 곳에 세워 둠. ④ 출전(出戰: 날 출, 싸움 전): 싸우러 나감. 또는 나가서 싸움. ⑤ 전개(展開: 펼 전, 열 개): 시작하여 벌임.

2 ②

‘前(앞 전)’과 뜻이 반대되는 한자는 ‘後(뒤 후)’이다.

3 ③

아빠는 펜션에 도착하고 2시간 뒤인 오후 1시에 점심을 먹자고 하였으므로, 펜션에 도착하는 시간은 오후 1시의 2시간 전인 오전 11시이다.

4 전후좌우

글 쓰며 표현力 높여요

본문 33쪽

예시 교문 전방에 샛별 아파트가 보일 거야. 아파트를 바라보면서 그대로 전진하면 바로 내가 사는 아파트 입구야.

안 내(內)

○ '안 내(內)'가 들어간 어휘

본문 35쪽

1	내복(內服)	겉옷의 [□ 바깥쪽 ǀ ☑ 안쪽]에 몸에 직접 닿게 입는 옷.
2	내용(內容)	겉에 드러난 형식 [□ 밖 ǀ ☑ 안]에 들어 있는 것.
3	내과(內科)	몸 안의 질병에 대한 진단, 예방, 치료를 하는 [☑ 병원 ǀ □ 가게].
4	실내화(室內靴)	건물 [☑ 안 ǀ □ 밖]에서만 신는 신.

문제로 어휘力 높여요

본문 36쪽

1 ③

'內(안 내)' 자가 쓰였으므로 '건물의 안쪽'임을 알 수 있다. '내부(內部)'는 '안쪽의 부분.'을 뜻한다.

2 ④

상자 안에 들어 있는 물건을 궁금해하고 있으므로, '겉으로 드러난 형식 안에 들어 있는 것.'을 뜻하는 '내용(內容)'이 쓰인 어휘를 찾으면 된다. '내용물(內容物)'은 '속에 든 물건.'을 뜻한다. ① 가격(價格): 물건이 지니고 있는 가치를 돈으로 나타낸 것. ② 상자(箱子): 물건을 넣어 두기 위하여 나무, 대나무, 두꺼운 종이 같은 것으로 만든 네모난 그릇. ③ 포장지(包裝紙): 물건을 싸거나 꾸리는 데 쓰는 종이. ⑤ 이름표(이름標): 이름을 적어서 가슴에 다는 표.

3 1 내과 2 실내화

1 배탈이 나서 간 곳이므로, '몸 안의 질병에 대한 진단, 예방, 치료를 하는 병원.'을 뜻하는 '내과(內科)'가 적절하다.
2 제시된 상황은 실내(교실)에서 실외(운동장)로 나가는 상황이므로, 빈칸에는 '실내화(室內靴)'를 쓰는 것이 적절하다.

4 내복

제시된 설명은 '내복(內服)'의 뜻이다. '양복(洋服)'은 서양식의 의복을 의미하고, '교복(校服)'은 학교에서 학생들이 입도록 정한 옷을, '제복(制服)'은 학교나 관청, 회사 따위에서 정하여진 규정에 따라 입도록 한 옷을 가리킨다.

글 쓰며 표현力 높여요

본문 37쪽

예시 옷 안에 내복 하나 더 입어. 병원 문 닫기 전에 얼른 내과에 가 보자.

08 바깥 외(外)

'바깥 외(外)'가 들어간 어휘

본문 39쪽

1 야외(野外)
- ☐ 집이나 건물의 안쪽.
- ☑ 집이나 건물의 밖.

2 외국(外國)
- ☐ 자기가 태어난 자기 나라.
- ☑ 자기 나라가 아닌 다른 나라.

3 시외(市外)
- ☑ 도시의 밖.
- ☐ 도시의 안.

4 외출(外出)
- ☐ 원래 있던 자리나 상태로 되돌아옴.
- ☑ 집이나 일하는 곳에서 벗어나 잠시 밖으로 나감.

문제로 어휘力 높여요

본문 40쪽

1 1 ㉡ 2 ㉠

2 외출

'~했다가 집에 돌아오면', '옷을 따뜻하게 입어야 해요.' 등의 내용을 통해 '외출(外出)'이 적절함을 알 수 있다. '여가(餘暇: 남을 여, 틈 가)'는 '일이 없어 남는 시간.'을 뜻하고, '전진(前進: 앞 전, 나아갈 진)'은 '앞으로 나아감.'을 뜻한다. '연락(連絡: 잇닿을 연, 이을 락)'은 '어떤 사실을 상대편에게 알림.'을 뜻한다.

3 ④

'室內(실내)'와 뜻이 반대되는 어휘는 '室外(실외)'이다. 따라서 빈칸에는 '外(바깥 외)'를 쓰는 것이 적절하다.

4 시외

글 쓰며 표현力 높여요

본문 41쪽

예시 꽃도 예쁘게 피고 바람도 살랑살랑 불어요. 이런 날은 시외버스를 타고 야외로 소풍을 가면 좋겠어요. 맛있는 도시락도 함께 먹어요.

09 아들 자(子)

○ '아들 자(子)'가 들어간 어휘

본문 43쪽

1	손자(孫子)	아들이나 딸이 낳은 [☑ 아들 | ☐ 딸].
2	자녀(子女)	[☑ 아들과 딸 | ☐ 형과 동생]을 아울러 이르는 말.
3	자음(子音)	우리말의 'ㄱ, ㄴ, ㄷ, ㄹ, ㅁ'과 같이, 말할 때 혀나 입술 등이 입안의 어느 곳에 닿아서 내는 [☐ 그림 | ☑ 소리].
4	왕자(王子)	임금의 [☐ 딸 | ☑ 아들].

문제로 어휘力 높여요

본문 44쪽

1 자음

제시된 글은 '자음(子音)'과 '모음(母音)'에 대한 설명이다. 자음에는 'ㄱ, ㄴ, ㄷ, ㄹ' 등이 있고 모음에는 'ㅏ, ㅑ, ㅓ, ㅕ' 등이 있다. '자'에서 자음은 'ㅈ', 모음은 'ㅏ'이다.

2 ④

'孫子(손자)'와 뜻이 반대되는 어휘는 '孫女(손녀)'이다. 그러므로 빈칸에 알맞은 한자는 ④ 女(여자 녀)이다.

3 ②

할머니, 아버지, 나 사이의 관계를 나타낸 표이다. 표를 보면 할머니에게 자녀는 아버지이고, 할머니에게 손자는 나이다. 아버지에게 나는 '자녀(子女)'이므로 빈칸에 공통으로 들어갈 어휘로는 '자녀'가 적절하다.

4 왕자

'왕자(王子)'는 '임금[王]의 아들[子].'이라는 뜻으로, 어린 남자아이를 귀엽게 부를 때에도 쓰이는 어휘이다.

글 쓰며 표현力 높여요

본문 45쪽

예시 지금부터 「어린 왕자와 여우」 공연을 보여 드리겠습니다. 여러분의 소중한 자녀와 손자들이 공연하는 모습을 격려하는 마음으로 지켜봐 주세요.

10 늙을 로(老)

'늙을 로(老)'가 들어간 어휘

본문 47쪽

1 **노인(老人)**
- [x] 나이가 들어 늙은 사람.
- [ ] 나이가 적어 젊은 사람.

2 **경로(敬老)**
- [ ] 지나는 길.
- [x] 노인을 공경함.

3 **노약자(老弱者)**
- [x] 늙거나 약한 사람.
- [ ] 건장하고 씩씩한 사람.

4 **남녀노소(男女老少)**
- [ ] 여러 사람이 손뼉을 치며 크게 웃음.
- [x] 남자와 여자, 늙은이와 젊은이라는 뜻으로, 모든 사람을 이르는 말.

문제로 어휘力 높여요

본문 48쪽

1 ②

제시된 뜻에 알맞은 어휘는 '노쇠(老衰)'와 '연로(年老)'이다.

2 1 ㉡ 2 ㉠

3 경로

첫 번째 문장의 내용은 할머니, 할아버지께 공경하는 마음으로 우대 혜택을 드리는 것이므로 '경로(敬老: 공경 경, 늙을 로)'가 적절하다. 두 번째 문장에서도 할머니께서 자주 가시는 곳이므로 '경로당'이라는 어휘를 생각할 수 있다.

4 남녀노소

'남녀노소(男女老少)'는 '남자와 여자, 늙은이와 젊은이. 모든 사람.'을 뜻하므로, 밑줄 친 부분과 바꾸어 쓸 수 있다. '백년해로(百年偕老)'는 '부부가 되어 한평생을 사이좋게 지내고 즐겁게 함께 늙는 것.'을 뜻하고, '견마지로(犬馬之勞)'는 '개나 말 정도의 하찮은 힘.'이라는 뜻으로 윗사람에게 충성을 다하는 자신의 노력을 낮추어 이르는 말이다. '불로장생(不老長生)'은 '늙지 아니하고 오래 사는 것.'을 뜻한다.

글 쓰며 표현力 높여요

본문 49쪽

예시 여기는 노약자 보호석이니까 네가 자리를 양보하는 것이 좋겠어. 경로 우대는 필요하다고 생각해.

06~10 독해 / 놀이

독해로 마무리해요

본문 50쪽

1 에너지

이 글은 전기 에너지를 만드는 데 많은 비용이 발생하므로 전기 에너지를 낭비하면 안 된다고 하며, 절약하는 방법에 대해 알려 주고 있다. 그러므로 이 글의 중심 내용은 '전기 에너지를 절약하는 방법'이다.

2 ⑤

창문을 계속 열어 두고 보일러를 켜라는 내용은 나와 있지 않다. 적정 실내 온도를 유지하고 겨울에는 내복을 입으라고 하였다.

놀이로 정리해요

본문 51쪽

11 스스로 자(自)

‘스스로 자(自)’가 들어간 어휘

본문 53쪽

1	자연(自然)	사람의 힘이 [☐ 더해져서 ǀ ☑ 더해지지 않고 저절로] 이루어지는 존재나 상태 또는 환경.
2	자동(自動)	① 기계나 장치 등이 [☑ 스스로 ǀ ☐ 남이 시켜서] 움직임. ② 일이나 행동이 의사와 상관없이 이루어지는 것.
3	자신(自身)	그 사람의 [☐ 생각 ǀ ☑ 몸] 또는 바로 그 사람.
4	자유(自由)	남의 구속을 받지 않고, [☐ 부모님 ǀ ☑ 자기] 마음대로 하는 것.

문제로 어휘力 높여요

본문 54쪽

1 자연

섬의 아름다운 풍경에 대해 이야기하고 있으므로, 빈칸에는 ‘사람의 힘이 더해지지 않고 저절로 이루어지는 존재나 상태 또는 환경.’을 뜻하는 ‘자연(自然)’이 들어가는 것이 적절하다.

2 자신

‘그 사람의 몸 또는 바로 그 사람.’을 의미하는 것은 ‘자신(自身)’이다. ‘정신(精神)’은 ‘육체나 물질에 대립되는 영혼이나 마음.’을, ‘자식(子息)’은 ‘부모가 낳은 아이를 그 부모에 상대하여 이르는 말.’을, ‘타인(他人)’은 ‘다른 사람.’을 뜻한다.

3 ③

‘스스로 움직이지 않고 남의 힘을 받아 움직임.’을 뜻하는 ‘수동(受動)’과 반대의 의미를 가진 어휘는, ‘기계나 장치 등이 스스로 움직임.’을 뜻하는 ‘자동(自動)’이다.

4 ㉡

㉠, ㉢은 남의 구속을 받지 않고 자기 마음대로 하는 것과 관련된 내용이므로 빈칸에 ‘자유(自由)’를 쓸 수 있다. 그러나 ㉡은 분리수거를 열심히 하여 지구의 어떤 환경을 보호해야 한다는 내용이므로 빈칸에는 ‘자유(自由)’보다는 ‘자연(自然)’이 더 적절하다.

글 쓰며 표현力 높여요

본문 55쪽

예시 스스로 공부해 보았더니, 무엇이든 할 수 있겠다는 자신감이 생겼어. 자신이 할 일을 마무리한 뒤에 가진 자유 시간도 더 값지게 느껴졌어.

12 설 립(立)

‘설 립(立)’이 들어간 어휘

본문 57쪽

	어휘	뜻
1	독립(獨立)	☐ 남에게 기대고 의지하는 것. ☑ 남의 다스림을 받지 않고, 남에게 의지하지 않는 것.
2	대립(對立)	☐ 의견이나 처지 등이 서로 같거나 비슷함. ☑ 의견이나 처지 등이 서로 반대되거나 어긋남.
3	입체(立體)	☑ 삼차원의 공간에서 여러 개의 평면이나 곡면으로 둘러싸인 물체. ☐ 평평한 표면.
4	자립심(自立心)	☐ 남에게 기대어 서로 함께하려는 마음가짐. ☑ 남에게 의지하지 않고 자기 스스로 서려는 마음가짐.

문제로 어휘力 높여요

본문 58쪽

1 대립

첫 번째 문장에서는 영화 주인공들이 결투를 하게 되었고, 두 번째 문장에서는 회의를 할 때 최종 결정을 다음에 하겠다고 하였으므로, 빈칸에는 모두 ‘의견이나 처지 등이 서로 반대되거나 모순됨.’을 뜻하는 ‘대립(對立)’이 들어가는 것이 적절하다.

2 독립

문장의 의미로 보아, 괄호 안에는 ‘남의 다스림을 받지 않고, 남에게 의지하지 않는 것.’을 뜻하는 ‘독립(獨立)’이 적절하다. ‘국립(國立)’은 ‘공공의 이익을 위하여 나라의 예산으로 세우고 관리함.’을 뜻한다.

3 입체

단어의 뜻을 볼 때, 왼쪽 도형이 삼차원 공간에서 여러 개의 평면이나 곡면으로 둘러싸여 부피를 가졌음을 알 수 있다. ‘입체(立體)’가 ‘삼차원의 공간에서 여러 개의 평면이나 곡면으로 둘러싸인 물체.’를 뜻하므로 빈칸에는 ‘입체(立體)’가 들어가는 것이 적절하다.

4 1 고립 2 자립

글 쓰며 표현力 높여요

본문 59쪽

예시 학교의 창립 기념일을 맞아 이 자리에 섰습니다. 저는 학생 여러분이 자립심을 가지고 무엇이든 스스로 하는 습관을 들이면 좋겠습니다. 우리 모두 언젠가는 어른이 되어 독립해야 하기 때문입니다.

13 빌 공(空)

‘빌 공(空)’이 들어간 어휘

본문 61쪽

1	공책(空冊)	글씨를 쓰거나 그림을 그리도록 [☐ 색종이 | ☑ 빈 종이]로 매어 놓은 책.
2	공기(空氣)	① 지구를 둘러싸고 있으며, 동물이 숨 쉴 때 필요한 투명한 [☑ 기체 | ☐ 액체]. ② 그 자리에 감도는 기분이나 분위기.
3	공간(空間)	① 아무것도 없는 [☐ 땅 속 | ☑ 빈 곳]. ② 어떤 물체가 존재할 수 있거나, 어떤 일이 일어날 수 있는 장소.
4	공중(空中)	[☑ 하늘과 땅 | ☐ 육지와 섬] 사이의 빈 곳

문제로 어휘力 높여요

본문 62쪽

1 ③

‘공부(工夫)’는 ‘학문이나 기술을 닦는 일.’을 뜻하는 어휘로, ‘빌 공(空)’이 아니라 ‘장인 공(工)’ 자가 쓰였다. ‘공간(空間)’, ‘공중(空中)’, ‘공기(空氣)’, ‘공책(空冊)’에는 모두 ‘비다’의 의미를 지닌 ‘빌 공(空)’ 자가 쓰였다.

2 1 공책 2 공간

수업 내용이나 준비물 등을 적어야 한다고 했으므로, 1 에는 ‘글씨를 쓰거나 그림을 그리도록 빈 종이로 매어 놓은 책.’을 뜻하는 ‘공책(空冊)’이 들어가는 것이 적절하다. 또한 공책에 적을 수 있는 곳이 넓은 것으로 골라 사야겠다고 했으므로, 2 에는 ‘아무것도 없는 빈 곳.’을 뜻하는 ‘공간(空間)’이 들어가는 것이 적절하다.

3 공중

‘하늘과 땅 사이의 빈 곳.’을 뜻하는 어휘는 ‘공중(空中)’이다. ‘공사(工事)’: 토목이나 건축 따위의 일. ‘공원(公園)’: 국가나 지방 공공 단체가 공중의 보건, 휴양, 놀이 따위를 위하여 마련한 정원, 유원지 등의 사회 시설. ‘대중(大衆)’: 수많은 사람의 무리.

4 공기

‘공기(空氣)’는 ‘지구를 둘러싸고 있으며, 동물이 숨 쉴 때 필요한 투명한 기체.’라는 의미와, ‘그 자리에 감도는 기분이나 분위기.’라는 두 가지 의미로 쓰일 수 있다.

글 쓰며 표현力 높여요

본문 63쪽

예시 비행기를 타기 위해 새벽부터 버스를 타고 공항에 도착했는데, 여행의 설렘으로 공기마저 다르게 느껴졌다. 허공을 향해 날아가는 비행기를 보고 있으니 여행지에 대한 기대가 차올랐다.

14 기운 기(氣)

'기운 기(氣)'가 들어간 어휘

본문 65쪽

1 기분(氣分)
- ☑ 마음에 절로 생기는 유쾌함, 불쾌함 등의 감정.
- ☐ 살면서 절로 생기는 상처와 극복 등의 성장 과정.

2 인기(人氣)
- ☐ 재물을 풍부하게 가지고 있는 사람.
- ☑ 어떤 대상에 쏠리는 높은 관심이나 좋아하는 기운.

3 감기(感氣)
- ☑ 주로 바이러스로 인해 걸리는 호흡 계통의 병.
- ☐ 마음이 답답하여 조금도 즐겁지 않은 심리 상태.

4 일기(日氣)
- ☐ 그날그날의 있었던 일을 적는 글의 종류.
- ☑ 그날그날의 비, 구름 등이 나타나는 기상 상태.

문제로 어휘力 높여요

본문 66쪽

1 좋아하는

2 ③

'기분(氣分)'은 마음에 절로 생기는 유쾌함, 불쾌함 등의 감정을 말하므로 제시된 어휘 중에서 감정이 아닌 것을 골라야 한다. '화나다, 행복하다, 우울하다, 벅차오르다'는 모두 감정이라고 볼 수 있지만, '연약하다'는 무르고 약한 상태를 뜻하므로, 감정이 아니며 '기분(氣分)'에 해당하지 않는다.

3 ㉡

㉠과 ㉢은 날씨와 관련된 내용으로, '일기'가 '그날그날의 비, 구름 등이 나타나는 기상 상태.'라는 의미로 쓰였다. 이때의 한자는 '날 일(日)'과 '기운 기(氣)'를 쓴다. 그러나 ㉡의 '일기'는 '날마다 그날그날 겪은 일이나 생각, 느낌 따위를 적는 개인의 기록.'이라는 의미로 쓰였으므로, 이때의 한자는 '날 일(日)'과 '기록할 기(記)'를 쓴다. 따라서 밑줄 친 '일기'가 다른 의미로 쓰인 문장은 ㉡이다.

4 1 감기 2 일기 예보

글 쓰며 표현力 높여요

본문 67쪽

예시 좋은 향기는 좋은 사람을 부릅니다. 내가 지나가는 곳을 향긋한 공기로 바꾸어 모든 사람들의 기분을 좋게 만드는 별 반짝 향수! 이제 어딜 가도 인기 만점! 한번 사용해 보세요. 후회하지 않을 거예요.

15 바다 해(海)

'바다 해(海)'가 들어간 어휘 본문 69쪽

1	해물(海物)	바다에서 나는 [☐ 유물 I ☑ 동식물]을 통틀어 이르는 말.
2	해초(海草)	바다에 나는 [☑ 식물 I ☐ 물고기]을 통틀어 이르는 말.
3	해외(海外)	다른 [☑ 나라 I ☐ 언어]를 이르는 말.
4	해양(海洋)	[☑ 넓고 큰 I ☐ 좁고 작은] 바다.

문제로 어휘力 높여요 본문 70쪽

1 海

넓고 깊은 바다를 뜻하고, '해변', '해수욕장' 등에 쓰이는 한자는 '海(바다 해)'이다. '山(산 산)'은 '산'을 뜻하고, '江(강 강)'은 '강'을 뜻하며 '地(땅 지)'는 '땅'을 뜻한다.

2 해외

미국, 캐나다, 일본, 태국, 호주, 프랑스는 모두 다른 나라이므로, 빈칸에는 '다른 나라를 이르는 말.'인 '해외(海外)'가 들어가는 것이 적절하다.

3 1 ㉢ 2 ㉠ 3 ㉡

4 ㉡

㉠은 넓은 바다와 관련된 내용이고, ㉢은 바다의 오염과 관련된 내용이므로, 빈칸에 '넓고 큰 바다.'를 뜻하는 '해양(海洋)'을 쓸 수 있다. 그러나 ㉡은 바다에서 재물을 빼앗는 인물에 대한 내용이므로, 빈칸에는 '배를 타고 다니면서, 다른 배나 해안 지방을 습격하여 재물을 빼앗는 강도.'를 뜻하는 '해적(海賊)'이 들어가는 것이 적절하다.

글 쓰며 표현力 높여요 본문 71쪽

예시 상현아, 난 지금 남해에 와 있어. 사실은 요즘 여러 가지 고민이 있었는데 해변을 산책했더니 마음이 절로 편안해지는 것 같아. 다음에는 너와 함께 이야기를 나누며 해안을 걷고 싶어.

11~15 독해 / 놀이

독해로 마무리해요

본문 72쪽

1 자신

이 글은 자신이 좋아하는 것이 무엇인지, 내 꿈은 무엇인지 등을 소개하고 있다.

2 ③

'나'는 현재 자립심이 강하다고 한 것이 아니라, 선장이 되는 꿈을 이루기 위해서 자립심을 길러 멋진 어른이 되어야겠다고 하였다.

놀이로 정리해요

본문 73쪽

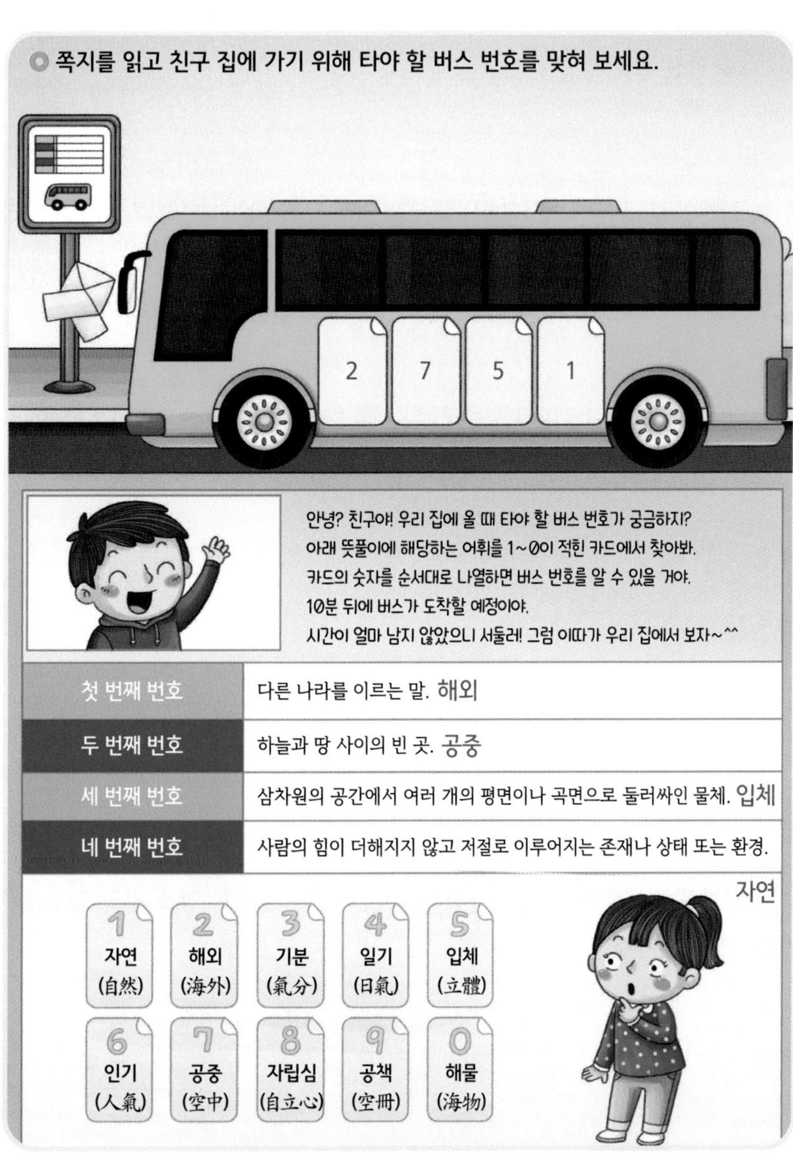

첫 번째 번호	다른 나라를 이르는 말. 해외
두 번째 번호	하늘과 땅 사이의 빈 곳. 공중
세 번째 번호	삼차원의 공간에서 여러 개의 평면이나 곡면으로 둘러싸인 물체. 입체
네 번째 번호	사람의 힘이 더해지지 않고 저절로 이루어지는 존재나 상태 또는 환경. 자연

16 편안할 안(安)

'편안할 안(安)'이 들어간 어휘

본문 75쪽

1 **안전(安全)**
- ☐ 눈으로 볼 수 있는 가까운 곳.
- ☑ 위험이 생기거나 사고가 날 염려가 없음. 또는 그런 상태.

2 **안부(安否)**
- ☐ 처음 만나는 사람끼리 서로 자기 이름을 밝히는 일.
- ☑ 편안하게 잘 지내고 있는지 그렇지 않은지에 대한 소식.

3 **불안(不安)**
- ☑ 마음이 편하지 않고 조마조마함.
- ☐ 편하고 걱정 없이 좋음.

4 **안정(安定)**
- ☐ 여럿 중에 편리한 것을 선택함.
- ☑ 바뀌어 달라지지 않고 일정한 상태를 유지함.

문제로 어휘力 높여요

본문 76쪽

1 **1** 편안 **2** 안전

2 안부

'안부(安否)'는 편안하게 잘 지내고 있는지 그렇지 않은지에 대한 소식을 의미하는 어휘로, '편안할 안(安)'이 쓰였다. '안개'는 지표면 가까이에 아주 작은 물방울이 부옇게 떠 있는 현상을 뜻하고, 한글로 이루어진 어휘이다. '안경(眼鏡)'은 시력이 나쁜 눈을 잘 보이게 하기 위하여 바람, 먼지, 강한 햇빛 따위를 막기 위하여 눈에 쓰는 물건으로, '눈 안(眼)' 자가 쓰였다. '안마(按摩)'는 손으로 몸을 두드리거나 주물러서 피의 순환을 도와주는 일로, '누를 안(按)'이 쓰였다.

3 초조(焦燥)

'불안(不安)'은 마음이 편하지 않고 조마조마함을 뜻한다. 이와 뜻이 비슷한 어휘는 애가 타서 마음이 조마조마함을 뜻하는 '초조(焦燥)'이다. '안녕(安寧)'은 아무 탈 없이 편안함을, '평안(平安)'은 걱정이나 탈이 없음을 뜻한다.

4 안정

첫 번째 문장은 기둥이 일정한 상태를 유지하지 못하고 흔들리다가 쓰러진 상황이고, 두 번째 문장은 하늘을 날던 종이비행기가 일정한 상태를 유지하며 착지한 상황이다. 따라서 빈칸에는 바뀌어 달라지지 않고 일정한 상태를 유지한다는 뜻의 '안정(安定)'이 알맞다.

글 쓰며 표현力 높여요

본문 77쪽

예시 찻길 가까이에서 공놀이를 하는 건 안전하지 않아. 이렇게 불안한 장소 말고 학교 운동장이나 공원에 가서 공놀이를 하는 건 어때?

17 온전할 전(全)

'온전할 전(全)'이 들어간 어휘

본문 79쪽

1	전국(全國)	[☑ 온 ǀ ☐ 큰] 나라.
2	전체(全體)	어떤 것의 [☑ 모든 ǀ ☐ 나눈] 부분.
3	전원(全員)	어떤 조직이나 단체를 이루고 있는 사람들 [☐ 낱낱 ǀ ☑ 전부].
4	완전(完全)	필요한 것이 [☑ 모두 ǀ ☐ 조금] 갖추어져 모자람이나 흠이 없음.

문제로 어휘 力 높여요

본문 80쪽

1 이번 대상 수상작은 심사원 전원이 높은 점수를 주었습니다.

세 번째 문장은 대상 수상작을 정하는 데 심사원 모두 높은 점수를 주었다는 내용이다. 따라서 이 문장의 '전원(全員)'은 어떤 조직이나 단체를 이루고 있는 사람들 전부를 뜻하는 어휘임을 알 수 있다. 첫 번째 문장의 전원(電源)은 전기 도구에 전기를 이어 주는 장치를 의미하고, 두 번째 문장의 전원(田園)은 도시에서 떨어진 시골이나 교외를 의미한다.

2 완전

'~한 사람은 없으므로, 서로 도우며 살아야 한다.'라는 내용을 통해 사람은 누구나 조금씩 부족한 점이 있어 서로 도우며 살아야 한다는 내용임을 알 수 있다. 따라서 빈칸에는 '필요한 것이 모두 갖추어져 모자람이나 흠이 없음.'이란 뜻을 지닌 '완전(完全)'이 알맞다.

3 부분

'전체(全體)'는 어떤 것의 모든 부분을 의미하는 말로, '부분'과 뜻이 반대된다. '부분(部分)'은 전체를 이루는 작은 범위나 전체를 몇 개로 나눈 것의 하나를 의미한다.

4 ㉡

㉡은 '마을'을 범위로 하여 가뭄의 피해를 언급한 내용이므로, 온 나라를 뜻하는 '전국(全國)'과 어울리지 않는다.

글 쓰며 표현 力 높여요

본문 81쪽

예시 방학 기간 전체를 여행하는 데 쓰고 싶어. 그리고 우리 가족이 각각 꿈꾸는 여행 방식을 날짜대로 돌아가면서 해 보는 거지. 그럼 가족 전원이 만족스러운 여행이 될 거야.

18 살 활(活)

'살 활(活)'이 들어간 어휘

본문 83쪽

1 **활동(活動)**
- [ ] 좋아하여 재미로 즐김.
- [x] 어떤 목적을 위하여 열심히 움직임.

2 **활약(活躍)**
- [x] 기운차고 두드러지게 움직임.
- [ ] 마음이 아주 너그럽고 자유로움.

3 **활력(活力)**
- [x] 살아 움직이는 힘.
- [ ] 오랫동안 버티며 견디는 힘.

4 **재활용(再活用)**
- [ ] 한 번만 쓰고 버림.
- [x] 폐품의 용도를 바꾸거나 가공하여 다시 씀.

문제로 어휘力 높여요

본문 84쪽

1 ③

① 활용(活用): 충분히 잘 이용함. ② 생활(生活): 사람이나 동물이 일정한 환경에서 활동하며 살아감. ④ 생명(生命): 사람이 살아서 숨 쉬고 활동할 수 있게 하는 힘. ⑤ 생물(生物): 생명을 가지고 스스로 생활 현상을 유지하여 나가는 물체.

2 활발한 기운

'활력(活力)'은 살아 움직이는 힘을 의미하는 어휘로, '활발한 기운'과 뜻이 비슷하다.

3 활동

버려진 동물을 위한 일을 함께할 사람을 구한다는 내용의 문장이므로, 밑줄 친 곳에는 어떤 목적을 위하여 열심히 움직임을 의미하는 '활동(活動)'이 알맞다. '해동(解凍)'은 얼었던 것이 녹아서 풀림을, '작동(作動)'은 기계가 움직임을, '진동(振動)'은 흔들리어 움직임을 의미한다.

4 1 일회용 2 재활용

1 '환경 오염을 일으키는', '비닐봉지'라는 표현을 통해 빈칸에 알맞은 어휘가 한 번만 쓰고 버림을 의미하는 '일회용'임을 알 수 있다.

2 '종이 가방', '천 가방'이라는 표현을 통해 빈칸에 알맞은 어휘가 폐품의 용도를 바꾸거나 가공하여 다시 씀을 의미하는 '재활용'임을 알 수 있다.

글 쓰며 표현力 높여요

본문 85쪽

예시 건강한 육체에 건강한 정신이 깃든다는 말이 있대. 그래서 말인데, 우리 활기차고 건강한 삶을 위해 같이 운동해 볼까? 운동을 하면 몸이 튼튼해져서 생활에 활력뿐만 아니라 자신감도 생긴다고 하니 꿩 먹고 알 먹기지!

19 수레 차(車)

● '수레 차(車)'가 들어간 어휘

본문 87쪽

1	마차(馬車)	[□ 소가 | □ 개가 | ☑ 말이] 끄는 수레.
2	자동차(自動車)	석유나 가스 등을 연료로 하여 [☑ 엔진 | □ 사람]의 힘으로 달리게 만든 차.
3	승차(乘車)	차를 [☑ 탐 | □ 삼].
4	차도(車道)	사람이 다니는 길과 구분하여 [□ 배 | ☑ 자동차]만 다니게 한 길.

문제로 어휘 力 높여요

본문 88쪽

1 車
빈칸에는 모두 '수레'를 뜻하는 한자 '車(차)'가 들어간다.

2 하차(下車)
'승차(乘車)'는 '차를 탐.'을 의미한다. 이와 뜻이 반대인 어휘로는 '타고 있던 차에서 내림.'을 의미하는 '하차(下車)'가 있다. '주차(駐車)'는 '자동차를 일정한 곳에 세워 둠.'을 의미하고, '정차(停車)'는 '차가 멎음. 또는 차를 멈춤.'을 의미한다.

3 차도
'찻길'은 자동차나 기차가 다니는 길을 의미하는 어휘로, '차도(車道)'와 뜻이 비슷하다.

4 마차
첫 번째 문장에서 '마부(馬夫)'는 말을 부려 마차나 수레를 모는 사람이므로, 마부가 모는 것은 마차(馬車)임을 알 수 있다. 두 번째 문장에서 아이는 말의 경쾌한 발걸음에 신이 났다고 하였으므로 마차(馬車)를 타고 있음을 알 수 있다.

글 쓰며 표현 力 높여요

본문 89쪽

예시 첫째, 자동차를 탈 때에는 꼭 안전벨트를 맵니다. 둘째, 차도와 가까운 곳에서 공놀이를 하지 않습니다. 셋째, 자동차에서 하차할 때, 문에 옷자락이 끼지 않도록 주의합니다.

20 길 도(道)

‘길 도(道)’가 들어간 어휘

본문 91쪽

1 **도로(道路)**
- ☐ 건물 안의 긴 통로.
- ☑ 사람과 차가 다닐 수 있는 큰길

2 **인도(人道)**
- ☐ 길이나 장소를 안내함.
- ☑ 사람이 걸어 다니게 따로 갈라놓은 길.

3 **식도(食道)**
- ☐ 음식물을 만들 때 쓰는 칼.
- ☑ 음식물이 지나가는, 목구멍과 위 사이에 있는 긴 관.

4 **횡단보도(橫斷步道)**
- ☐ 번잡한 도로나 철로 위에 공중으로 건너질러 놓은 다리.
- ☑ 사람이 안전하게 찻길을 가로질러 건널 수 있도록 일정한 표시를 한 길.

문제로 **어휘力** 높여요

본문 92쪽

1 道

밑줄 친 ‘길’을 뜻하는 한자는 ‘道(도)’이다. 첫 번째 한자는 ‘온전하다’를 뜻하는 ‘전(全)’이고, 두 번째 한자는 ‘수레’를 뜻하는 ‘차(車)’이고, 네 번째 한자는 ‘살다’를 뜻하는 ‘활(活)’이다.

2 1 ㉡ 2 ㉠

1 ‘건널목’은 강, 길, 내 따위에서 건너다니게 된 일정한 곳으로, ‘횡단보도(橫斷步道)’와 뜻이 비슷하다.

2 ‘보행로’는 사람이 다닐 수 있게 만들어 놓은 길로, ‘인도(人道)’와 뜻이 비슷하다.

3 식도

입안의 음식물을 소화 기관인 위로 전달하는 역할을 한다고 했으므로, 빈칸에 알맞은 어휘는 목구멍과 위 사이에 있는 긴 관인 ‘식도(食道)’이다.

4 복잡한 도로

제시된 한자는 ‘길 도(道)’로, 사람과 차가 다닐 수 있는 큰길을 뜻하는 ‘도로’에 쓰였다. ‘도시(都市)’는 일정한 지역의 정치·경제·문화의 중심이 되는 사람이 많이 사는 지역으로, ‘도읍 도(都)’가 쓰였다. ‘도형(圖形)’은 그림의 모양이나 형태로, ‘그림 도(圖)’가 쓰였다.

글 쓰며 **표현力** 높여요

본문 93쪽

예시 저는 음악이 가득한 도시를 만들 거예요. 인도에는 신나는 음악을 틀어 사람들을 경쾌하게 만들고, 도로에는 잔잔한 음악으로 운전자들이 차분하게 운전하도록 돕고 싶어요.

16~20 독해 / 놀이

독해로 마무리해요

본문 94쪽

1 ②

글의 시작 부분에서 학생들이 안전을 위해 지켜야 할 활동을 정리해 보았다고 하였으므로, 핵심 어휘는 '안전'이라고 볼 수 있다.

2 ㉢

이 글은 교통사고의 원인을 조사한 내용을 바탕으로 학생 전원이 안전을 위해 지켜야 할 활동을 제시한 것이므로, 교통사고를 막기 위해 지켜야 할 활동은 교통사고의 원인을 분석한 내용 뒤(㉢)에 오는 것이 알맞다.

놀이로 정리해요

본문 95쪽

급수 시험 맛보기

1 1 ①
② 氣 ③ 入 ④ 平
2 ③
① 石 ② 月 ④ 明

2 1 ④
① 물 수 ② 매양 매 ③ 큰 바다 양
2 ②
① 여자 녀 ③ 집 가 ④ 집 실

3 1 ②
活(살 활) + 力(힘 력): 살아 움직이는 힘.
2 ③
秋(가을 추) + 夕(저녁 석): 우리나라 명절의 하나. 음력 8월 보름날로, 햅쌀로 떡을 만들고 햇과일로 음식을 장만하여 차례를 지냄.

4 1 ④
冬(겨울 동) + 季(계절 계): 겨울의 시기.
2 ④
日(날 일) + 氣(기운 기): 그날그날의 비, 구름 등이 나타나는 기상 상태.

5 1 ①
乘(탈 승) + 車(수레 차): 차를 탐.
2 ②
膳(선물 선) + 物(물건 물): 인사나 정을 나타내는 뜻으로 물건을 줌. 또는 그 물건.

6 ①
② 곡식 ③ 편식 ④ 식구

7 1 ②
'前(앞 전)'과 음이 같은 한자는 '全(온전할 전)'이다.
① 달 월 ③ 늙을 로 ④ 길 도
2 ①
'自(스스로 자)'와 음이 같은 한자는 '子(아들 자)'이다.
② 소리 음 ③ 임금 왕 ④ 눈 목

8 ③
'野外(야외)'와 뜻이 반대인 어휘는 '室內(실내)'이다.
① 내외 ② 실외 ④ 외출

9 ②
- 空(빌 공) + 冊(책 책): 글씨를 쓰거나 그림을 그리도록 빈 종이로 매어 놓은 책.
- 空(빌 공) + 間(사이 간): 아무것도 없는 빈 곳.
- 空(빌 공) + 中(가운데 중): 하늘과 땅 사이의 빈 곳.

① 장인 공 ③ 왼쪽 좌 ④ 클 거